HUGO

LE DERNIER JOUR D'UN CONDAMNÉ

RÉCIT

TEXTE INTÉGRAL

D0954563

*Texte conforme à l'édition
de l'Imprimerie Nationale :
Victor Hugo, Œuvres complètes, Romans I (1910).*

*Notes explicatives, questionnaires, bilans,
documents et parcours thématique*

établis par

*Marie-Ève THÉRENTY,
ancienne élève de l'E.N.S. (Fontenay),
agrégée de Lettres Modernes.*

Classiques Hachette

La couverture de cet ouvrage a été réalisée avec l'aimable collaboration de la Comédie-Française.
Photographie : Philippe Sohiez.

Crédits photographiques :
p. 4 : Victor Hugo en 1830. Lithographie de V. Ratier. B.N.F. Estampes. Photo Hachette, D.R.
p. 8 : Dessin à la plume de Victor Hugo. Photo Hachette, D.R.
p. 9 : Frontispice de l'édition de 1833 du *Dernier Jour d'un condamné* (Paris, Eugène Renduel). Photo Hachette, D.R.
p. 10 : Dessin à la plume de Victor Hugo. Photo Hachette, D.R.
p. 12 : « Le Rêve du condamné ». Lithographie de Ch. Motte d'après un dessin de L. Boulanger. Photo Hachette, D.R.
p. 19 : Dessin à la plume de Victor Hugo. Photo Hachette, D.R.
p. 33 : « Le Rêve » (détail). Dessin de Victor Hugo. Maison de Victor Hugo. Photo Hachette, D.R.
p. 38 : « À travers une toile d'araignée » (détail). Dessin de Victor Hugo (mine de plomb, encre de chine, sépia et aquarelle), 1871. Maison de Victor Hugo. Photo Hachette, D.R.
p. 87 : Détail du frontispice de l'édition de 1833 du *Dernier Jour d'un condamné* (Paris, Eugène Renduel). Photo Hachette, D.R.
p. 94 : Détail d'une gravure du XIXᵉ siècle représentant l'assassinat commis par Papavoine contre deux enfants dans le bois de Vincennes. Photo Hachette, D.R.
p. 99 : Gravure sur bois représentant l'exécution de Prévost, le 19 janvier 1880, place de la Roquette à Paris. B.N.F. Estampes. Photo Hachette, D.R.
p. 110 : Page d'un journal du XIXᵉ siècle rapportant les minutes du procès Papavoine. Photo Hachette, D.R.
p. 122 : Une exécution capitale place du Carrousel, le 13 avril 1790. Musée Carnavalet. Photo Hachette, D.R.
p. 144 : Signature de Victor Hugo extraite d'une lettre en date du 28 octobre 1860 adressée à la librairie Hachette au sujet de ses œuvres complètes. Photo Hachette, D.R.
p. 145 : Victor Hugo par David d'Angers. Médaillon de 1828. Photo Hachette, D.R.

© Hachette Livre 1998, 43, quai de Grenelle, 75905 Paris Cedex 15.
ISBN : 2.01.167236.8
Tous droits de traduction, de reproduction et d'adaptation réservés pour tous pays.

LE DERNIER JOUR D'UN CONDAMNÉ

HUGO ET SON TEMPS

À PROPOS DE L'ŒUVRE

PARCOURS THÉMATIQUE

ANNEXES

Les mots suivis d'une puce ronde (•) renvoient au lexique du récit (p. 172) et au glossaire des noms propres (p. 173).

4

En 1828, à vingt-six ans, Victor Hugo est déjà un auteur reconnu. Pensionné largement par le roi, il conduit le mouvement romantique dont il vient de définir la charte dans la préface de <u>Cromwell</u> (1827). Poète accompli et dramaturge novateur, sinon révolutionnaire, il semble promis aux plus grands succès.

Pourtant, au début de 1829, il choisit de publier anonymement un récit noir, tourmenté, écrit à la première personne du singulier : c'est <u>Le Dernier Jour d'un condamné</u>, qui relate la longue agonie d'un condamné à mort. Ce récit-pamphlet constitue à lui seul une véritable campagne pour l'abolition de la peine de mort, thèse hardie pour l'époque, surtout dans les milieux monarchistes encore fréquentés par le jeune Hugo.

Un mot suffit pour qualifier cette œuvre : anachronique. Anachronique par la forme – elle tient plutôt du monologue intérieur que du drame romantique –, elle est aussi anachronique par la thèse qu'elle défend. De fait, la peine de mort ne sera abolie en France qu'en 1981.

Quoi qu'il en soit, cette œuvre de jeunesse est l'une des plus représentatives des obsessions de l'écrivain. Pour Victor Hugo, l'année 1828 s'est déroulée sous le signe d'une recherche d'identité, marquée, certes, par son accession à la majorité légale, mais surtout par la mort de son père, Léopold Hugo. Bien qu'il soit impossible d'évaluer avec précision les conséquences de ce décès sur la genèse de l'ouvrage, l'omniprésence d'éléments autobiographiques dans le texte, ainsi que sa rédaction à la première personne du singulier appellent un rapprochement.

Plus généralement, les thèmes représentés dans <u>Le Dernier Jour d'un condamné</u> – la peine de mort, le crime, la justice, la prison, les forçats, la peur – vont hanter jusqu'au bout l'œuvre et la carrière politique de Victor Hugo. Avec raison, les critiques ont voulu voir dans ce bref récit la matrice des <u>Misérables</u> ; mais, au-delà, <u>Le Dernier Jour d'un condamné</u> éclaire bien des aspects secrets de la personnalité d'un écrivain engagé dans son temps.

VICTOR HUGO FACE À LA PEINE DE MORT (1822-1880)

DATES	LA PEINE DE MORT ET LA PRISON AU XIXᵉ SIÈCLE	LA PEINE DE MORT ET LA PRISON DANS LES TEXTES DE HUGO
1822	François Guizot, *La Peine de mort en politique*.	
1823		*Han d'Islande* (scènes dans les prisons du Danemark, présentation d'un personnage de bourreau...).
1825	Création de *La Gazette des tribunaux* favorable à l'abolition de la peine de mort.	
1828	Vidocq, *Mémoires*. Charles Lucas, *Du système pénitentiaire en Europe et aux États-Unis*.	
1829		28 février : publication du deuxième tirage du *Dernier Jour d'un condamné* précédé d'*Une comédie à propos d'une tragédie*.
1830	Lamartine, *Ode contre la peine de mort*.	
1831	Article de Lamennais contre la peine de mort publié en juin dans le journal *L'Avenir*.	*Notre-Dame de Paris* (scène de pilori, épreuve de la question, pendaison d'Esmeralda par ordre de Louis XI...).
1832	1ᵉʳ juin : Claude Gueux est exécuté pour avoir assassiné un gardien-chef de la centrale de Clairvaux.	
1834		Publication de *Claude Gueux* dans la *Revue de Paris*.
1848	Le gouvernement provisoire de la République abolit la peine de mort en matière politique.	
1854	À Guernesey, John-Charles Tapner est condamné à mort pour le meurtre d'une femme.	Publication de *Aux habitants de Guernesey*. Dans ce texte, Hugo demande la grâce de Tapner et l'abolition de la peine de mort.
1861	Le fils de Victor Hugo, Charles, est inculpé pour avoir outragé la loi en écrivant contre la peine de mort.	
1862		Publication des *Misérables* (Hugo crée le personnage de Jean Valjean, forçat condamné pour le vol d'un pain, et fait le récit de son entreprise de rédemption).
1872	Condamnations à mort et exécutions de communards.	
1880		Discours de Victor Hugo au Sénat en faveur d'une loi d'amnistie des communards. Cette loi est adoptée le 11 juillet.

Le Dernier Jour d'un condamné ne joue sur aucun mystère. Il s'agit d'une œuvre sans suspense : d'emblée, le titre laisse deviner la fin du personnage principal. Le récit se termine sur une ellipse majeure, justement rendue possible par le titre : la mort du condamné.

Pourtant, cette œuvre va marquer profondément la littérature des XIXe et XXe siècles. Le thème du condamné à mort attendant sa sentence sera repris par Fiodor Dostoïevski (L'Idiot, 1868), ou encore par Albert Camus (L'Étranger, 1942). De même, l'argot des prisons se retrouve aussi bien dans l'œuvre de Balzac (Le Père Goriot, 1834, et surtout Splendeurs et Misères des courtisanes, 1847) que dans celle d'Eugène Sue (Les Mystères de Paris, 1842-1843).

Par ailleurs, l'écriture à la première personne du singulier, qui traduit si parfaitement l'obsession du condamné, sera le principe même du monologue intérieur qui caractérise le renouveau du roman au XXe siècle. Samuel Beckett, Georges Bataille ou James Joyce pourraient s'être largement inspirés de Victor Hugo.

Le Dernier Jour d'un condamné n'est ni élitiste, ni dépassé. Le thème du condamné à mort est loin d'être épuisé. Il paraît même plus que jamais de circonstance, puisqu'il est au cœur de nombreux thrillers ou best-sellers contemporains (voir notamment La Nuit du renard de Mary Higgins Clark ou Le Couloir de la mort de John Grisham). Le cinéma hollywoodien a même repris et transposé le thème : La Dernière Marche (1995), film de Tim Robbins – dont le titre interdit également tout suspense –, évoque lui aussi le calvaire que constitue l'attente de la mort. En outre, bien que la peine de mort ait été abolie en France en 1981, elle est encore en vigueur dans bien des pays, et c'est aussi pour cela que le roman de Victor Hugo reste, hélas ! d'une grande actualité.

« Mis au pied du mur »...
Dessin à la plume de Victor Hugo.

LE DERNIER JOUR D'UN CONDAMNÉ

Publié par Eugène Renduel.

« Pas content d'entendre clabauder contre la peine de mort.
Qu'est-ce que c'est que toutes ces déclamations-là ? »
Dessin à la plume de Victor Hugo.

I

Bicêtre•.

Condamné à mort!

Voilà cinq semaines que j'habite avec cette pensée, toujours seul avec elle, toujours glacé de sa présence, toujours courbé sous son poids!

Autrefois, car il me semble qu'il y a plutôt des années que des semaines, j'étais un homme comme un autre homme. Chaque jour, chaque heure, chaque minute avait son idée. Mon esprit, jeune et riche, était plein de fantaisies. Il s'amusait à me les dérouler les unes après les autres, sans ordre et sans fin, brodant d'inépuisables arabesques cette rude et mince étoffe de la vie. C'étaient des jeunes filles, de splendides chapes d'évêque, des batailles gagnées, des théâtres pleins de bruit et de lumière, et puis encore des jeunes filles et de sombres promenades la nuit sous les larges bras des marronniers. C'était toujours fête dans mon imagination. Je pouvais penser à ce que je voulais, j'étais libre.

Maintenant je suis captif. Mon corps est aux fers• dans un cachot, mon esprit est en prison dans une idée. Une horrible, une sanglante, une implacable idée! Je n'ai plus qu'une pensée, qu'une conviction, qu'une certitude : condamné à mort!

Quoi que je fasse, elle est toujours là, cette pensée infernale, comme un spectre de plomb à mes côtés, seule et jalouse, chassant toute distraction, face à face avec moi misérable, et me secouant de ses deux mains de glace quand je veux détourner la tête ou fermer les yeux. Elle se glisse sous toutes les formes où mon esprit voudrait la fuir, se mêle comme un refrain horrible à toutes les paroles qu'on m'adresse, se colle avec moi aux grilles hideuses de mon cachot; m'obsède éveillé, épie mon sommeil convulsif, et reparaît dans mes rêves sous la forme d'un couteau.

Je viens de m'éveiller en sursaut, poursuivi par elle et me disant : – Ah! ce n'est qu'un rêve! – Hé bien!

11

avant même que mes yeux lourds aient eu le temps de
s'entr'ouvrir assez pour voir cette fatale pensée écrite
dans l'horrible réalité qui m'entoure, sur la dalle mouil-
40 lée et suante de ma cellule, dans les rayons pâles de ma
lampe de nuit, dans la trame grossière de la toile de
mes vêtements, sur la sombre figure du soldat de garde
dont la giberne• reluit à travers la grille du cachot, il
me semble que déjà une voix a murmuré à mon
45 oreille : – Condamné à mort !

Questions

Compréhension

1. Que pouvez-vous dire, après la lecture de ce premier chapitre, de la situation du narrateur ?

2. Quelles précisions nous donne le prisonnier sur sa vie d'autrefois ? Que pouvons-nous en déduire sur sa situation sociale ?

3. Pourquoi la peine de mort est-elle symbolisée, dans les rêves du condamné, par un couteau ? Que pensez-vous de cette représentation ?

Écriture / Réécriture

4. Dans quel genre de récit le lecteur est-il plongé abruptement ? À quels indices reconnaissez-vous ce genre ?

5. Quel est l'effet produit par l'utilisation de la première personne du singulier dans ce récit ? Quel est l'effet produit par l'emploi du présent ?

6. Le narrateur exprime une idée fixe. Quelle est-elle et quels sont les procédés utilisés pour montrer la force de cette obsession ?

7. Écrivez, à votre tour, un texte d'une vingtaine de lignes où vous montrerez, par les mêmes procédés que Victor Hugo (insistance, répétitions, métaphores...), la force d'une idée obsessionnelle.

Mise en scène

8. Apprenez le monologue du premier chapitre et tentez de le mettre en scène. Qu'en déduisez-vous sur la théâtralité du texte de Victor Hugo ?

II

C'était par une belle matinée d'août.

Il y avait trois jours que mon procès était entamé,
trois jours que mon nom et mon crime ralliaient
chaque matin une nuée de spectateurs, qui venaient
5 s'abattre sur les bancs de la salle d'audience comme des
corbeaux autour d'un cadavre, trois jours que toute
cette fantasmagorie• des juges, des témoins, des avocats, des procureurs du roi, passait et repassait devant
moi, tantôt grotesque, tantôt sanglante, toujours
10 sombre et fatale. Les deux premières nuits, d'inquié-
tude et de terreur, je n'en avais pu dormir; la troisième, j'en avais dormi d'ennui et de fatigue. À minuit,
j'avais laissé les jurés délibérant. On m'avait ramené sur
la paille de mon cachot, et j'étais tombé sur-le-champ
15 dans un sommeil profond, dans un sommeil d'oubli.
C'étaient les premières heures de repos depuis bien des
jours.

J'étais encore au plus profond de ce profond sommeil lorsqu'on vint me réveiller. Cette fois il ne suffit
20 point du pas lourd et des souliers ferrés du guichetier,
du cliquetis de son nœud de clefs, du grincement
rauque des verrous ; il fallut pour me tirer de ma
léthargie sa rude voix à mon oreille et sa main rude sur
mon bras. – Levez-vous donc ! – J'ouvris les yeux, je
25 me dressai effaré sur mon séant. En ce moment, par
l'étroite et haute fenêtre de ma cellule, je vis au plafond
du corridor voisin, seul ciel qu'il me fût donné d'entrevoir, ce reflet jaune où des yeux habitués aux ténèbres
d'une prison savent si bien reconnaître le soleil. J'aime
30 le soleil.

– Il fait beau, dis-je au guichetier.

Il resta un moment sans me répondre, comme ne
sachant si cela valait la peine de dépenser une parole ;
puis avec quelque effort il murmura brusquement :
35 – C'est possible.

Je demeurais immobile, l'esprit à demi endormi, la

14

bouche souriante, l'œil fixé sur cette douce réverbéra-
tion dorée qui diaprait[1] le plafond.

— Voilà une belle journée, répétai-je.

— Oui, me répondit l'homme, on vous attend.

Ce peu de mots, comme le fil qui rompt le vol de
l'insecte, me rejeta violemment dans la réalité. Je revis
40 soudain, comme dans la lumière d'un éclair, la sombre
salle des assises, le fer à cheval des juges chargé de
haillons ensanglantés, les trois rangs de témoins aux
faces stupides, les deux gendarmes aux deux bouts de
mon banc, et les robes noires s'agiter, et les têtes de la
45 foule fourmiller au fond dans l'ombre, et s'arrêter sur
moi le regard fixe de ces douze jurés, qui avaient veillé
pendant que je dormais!

Je me levai; mes dents claquaient, mes mains trem-
blaient et ne savaient où trouver mes vêtements, mes
50 jambes étaient faibles. Au premier pas que je fis, je
trébuchai comme un portefaix[2] trop chargé. Cependant
je suivis le geôlier.

Les deux gendarmes m'attendaient au seuil de la
cellule. On me remit les menottes. Cela avait une petite
55 serrure compliquée qu'ils fermèrent avec soin. Je laissai
faire : c'était une machine sur une machine.

Nous traversâmes une cour intérieure. L'air vif du
matin me ranima. Je levai la tête. Le ciel était bleu, et
les rayons chauds du soleil, découpés par les longues
60 cheminées, traçaient de grands angles de lumière au
faîte des murs hauts et sombres de la prison. Il faisait
beau en effet.

Nous montâmes un escalier tournant en vis; nous
passâmes un corridor, puis un autre, puis un troi-
65 sième; puis une porte basse s'ouvrit. Un air chaud,
mêlé de bruit, vint me frapper au visage; c'était le
souffle de la foule dans la salle des assises. J'entrai.

Il y eut à mon apparition une rumeur d'armes et de

---

1. *diaprait* : parait de couleurs variées.
2. *portefaix* : celui qui faisait métier de porter des charges, des fardeaux.

voix. Les banquettes se déplacèrent bruyamment. Les
70 cloisons craquèrent ; et, pendant que je traversais la
longue salle entre deux masses de peuple murées de
soldats, il me semblait que j'étais le centre auquel se
rattachaient les fils qui faisaient mouvoir toutes ces
faces béantes et penchées.
75   En cet instant je m'aperçus que j'étais sans fers ;
mais je ne pus me rappeler où ni quand on me les
avait ôtés.

Alors il se fit un grand silence. J'étais parvenu à ma
place. Au moment où le tumulte cessa dans la foule, il
80 cessa aussi dans mes idées. Je compris tout à coup
clairement ce que je n'avais fait qu'entrevoir confusé-
ment jusqu'alors, que le moment décisif était venu, et
que j'étais là pour entendre ma sentence.

L'explique qui pourra, de la manière dont cette idée
85 me vint, elle ne me causa pas de terreur. Les fenêtres
étaient ouvertes ; l'air et le bruit de la ville arrivaient
librement du dehors ; la salle était claire comme pour
une noce ; les gais rayons du soleil traçaient çà et là la
figure lumineuse des croisées, tantôt allongée sur le
90 plancher, tantôt développée sur les tables, tantôt brisée
à l'angle des murs ; et de ces losanges éclatants aux
fenêtres chaque rayon découpait dans l'air un grand
prisme de poussière d'or.

Les juges, au fond de la salle, avaient l'air satisfait,
95 probablement de la joie d'avoir bientôt fini. Le visage
du président, doucement éclairé par le reflet d'une
vitre, avait quelque chose de calme et de bon ; et un
jeune assesseur[1] causait presque gaiement en chiffon-
nant son rabat[2] avec une jolie dame en chapeau rose,
100 placée par faveur derrière lui.

Les jurés seuls paraissaient blêmes et abattus, mais
c'était apparemment de fatigue d'avoir veillé toute la

---

1. *assesseur* : adjoint à un juge, à un magistrat.
2. *rabat* : large cravate formant plastron portée par les magistrats, les profes-
seurs en robe et certains religieux.

nuit. Quelques-uns bâillaient. Rien, dans leur conte-
nance, n'annonçait des hommes qui viennent de porter
105 une sentence de mort ; et sur les figures de ces bons
bourgeois je ne devinais qu'une grande envie de dormir.

En face de moi, une fenêtre était toute grande
ouverte. J'entendais rire sur le quai des marchandes de
110 fleurs ; et, au bord de la croisée, une jolie petite plante
jaune, toute pénétrée d'un rayon de soleil, jouait avec
le vent dans une fente de la pierre.

Comment une idée sinistre aurait-elle pu poindre
parmi tant de gracieuses sensations ? Inondé d'air et de
115 soleil, il me fut impossible de penser à autre chose qu'à
la liberté ; l'espérance vint rayonner en moi comme le
jour autour de moi ; et, confiant, j'attendis ma sentence
comme on attend la délivrance et la vie.

Cependant mon avocat arriva. On l'attendait. Il
120 venait de déjeuner copieusement et de bon appétit.
Parvenu à sa place, il se pencha vers moi avec un sourire.

– J'espère, me dit-il.

– N'est-ce pas ? répondis-je, léger et souriant aussi.

125 – Oui, reprit-il ; je ne sais rien encore de leur déclaration, mais ils auront sans doute écarté la préméditation, et alors ce ne sera que les travaux forcés à perpétuité.

– Que dites-vous là, monsieur ? répliquai-je indigné ;
130 plutôt cent fois la mort !

Oui, la mort ! – Et d'ailleurs, me répétait je ne sais
quelle voix intérieure, qu'est-ce que je risque à dire
cela ? A-t-on jamais prononcé sentence de mort autrement qu'à minuit, aux flambeaux, dans une salle
135 sombre et noire, et par une froide nuit de pluie et
d'hiver ? Mais au mois d'août, à huit heures du matin,
un si beau jour, ces bons jurés, c'est impossible ! Et
mes yeux revenaient se fixer sur la jolie fleur jaune au
soleil.

140 Tout à coup le président, qui n'attendait que l'avocat,
m'invita à me lever. La troupe porta les armes ; comme

17

par un mouvement électrique, toute l'assemblée fut debout au même instant. Une figure insignifiante et nulle, placée à une table au-dessous du tribunal, c'était,
145 je pense, le greffier, prit la parole, et lut le verdict que les jurés avaient prononcé en mon absence. Une sueur froide sortit de tous mes membres ; je m'appuyai au mur pour ne pas tomber.

— Avocat, avez-vous quelque chose à dire sur l'appli-
150 cation de la peine ? demanda le président.

J'aurais eu, moi, tout à dire, mais rien ne me vint. Ma langue resta collée à mon palais.

Le défenseur se leva.

Je compris qu'il cherchait à atténuer la déclaration
155 du jury, et à mettre dessous, au lieu de la peine qu'elle provoquait, l'autre peine, celle que j'avais été si blessé de lui voir espérer.

Il fallut que l'indignation fût bien forte, pour se faire jour à travers les mille émotions qui se disputaient
160 ma pensée. Je voulus répéter à haute voix ce que je lui avais déjà dit : Plutôt cent fois la mort ! Mais l'haleine me manqua, et je ne pus que l'arrêter rudement par le bras, en criant avec une force convulsive : Non !

165 Le procureur général combattit l'avocat, et je l'écou-tai avec une satisfaction stupide. Puis les juges sor-tirent, puis ils rentrèrent, et le président me lut mon arrêt.

— Condamné à mort ! dit la foule ; et, tandis qu'on
170 m'emmenait, tout ce peuple se rua sur mes pas avec le fracas d'un édifice qui se démolit. Moi, je marchais, ivre et stupéfait. Une révolution venait de se faire en moi. Jusqu'à l'arrêt de mort, je m'étais senti respirer, palpiter, vivre dans le même milieu que les autres
175 hommes ; maintenant je distinguais clairement comme une clôture entre le monde et moi. Rien ne m'apparais-sait plus sous le même aspect qu'auparavant. Ces larges fenêtres lumineuses, ce beau soleil, ce ciel pur, cette jolie fleur, tout cela était blanc et pâle, de la couleur
180 d'un linceul. Ces hommes, ces femmes, ces enfants qui

se pressaient sur mon passage, je leur trouvais des airs de fantômes.

Au bas de l'escalier, une noire et sale voiture grillée m'attendait. Au moment d'y monter, je regardai au 185 hasard dans la place. – Un condamné à mort! criaient les passants en courant vers la voiture. À travers le nuage qui me semblait s'être interposé entre les choses et moi, je distinguai deux jeunes filles qui me suivaient avec des yeux avides. – Bon, dit la plus jeune en bat- 190 tant des mains, ce sera dans six semaines!

« Effet de l'éloquence du ministère public sur le barreau. »
Dessin à la plume de Victor Hugo.

Compréhension

1. *Que traduit l'échange entre le prisonnier et le guichetier ? Quelle est sa valeur symbolique ?*

2. *Relevez chez les acteurs tous les signes de l'indifférence envers la situation du prisonnier.*

3. *Pourquoi le narrateur décrit-il abondamment l'atmosphère estivale de ce matin d'août ? Qu'en déduit-il sur sa sentence ?*

4. *Pourquoi les yeux des jeunes filles sont-ils « avides » à la fin du chapitre ?*

Écriture / Réécriture

5. *À quels indices voit-on que le prisonnier effectue un retour en arrière dans sa narration ?*

6. *Relevez quelques signes de l'obsession temporelle.*

7. *Que signifie la formule : « C'était une machine sur une machine » ?*

8. *« Sa rude voix à mon oreille et sa main rude sur mon bras ». Quelle est la figure de style utilisée ici ?*

9. *Ce chapitre repose sur un procédé cher à Victor Hugo : l'antithèse. Donnez-en des exemples marquants.*

10. *Vous avez remarqué que le narrateur ne dit pas immédiatement à quelle peine il vient d'être condamné. À quels indices le lecteur devine-t-il le contenu de la sentence ? Quel est le procédé stylistique utilisé ?*

11. *Dans quelle mesure le narrateur réinterprète-t-il l'ensemble du décor après l'énoncé de la sentence ?*

Recherche

12. *Comparez la réaction de ce condamné à mort avec celle de Julien Sorel à la fin du roman de Stendhal Le Rouge et le Noir. Comparez également les réactions de la foule.*

13. *Le narrateur énumère certaines fonctions juridiques (juges, témoins, avocats, procureurs du roi, jurés, président de la Cour). Définissez le rôle de chacun dans un procès.*

III

Condamné à mort!

Eh bien, pourquoi non? *Les hommes*, je me rappelle l'avoir lu dans je ne sais quel livre où il n'y avait que cela de bon[1], *les hommes sont tous condamnés à mort*
5 *avec des sursis* indéfinis. Qu'y a-t-il donc de si changé à ma situation?

Depuis l'heure où mon arrêt m'a été prononcé, combien sont morts qui s'arrangeaient pour une longue vie! Combien m'ont devancé qui, jeunes, libres et
10 sains, comptaient bien aller voir tel jour tomber ma tête en place de Grève! Combien d'ici là peut-être qui marchent et respirent au grand air, entrent et sortent à leur gré, et qui me devanceront encore!

Et puis, qu'est-ce que la vie a donc de si regrettable
15 pour moi? En vérité, le jour sombre et le pain noir du cachot, la portion de bouillon maigre puisée au baquet des galériens, être rudoyé, moi qui suis raffiné par l'éducation, être brutalisé des guichetiers et des gardes-chiourme, ne pas voir un être humain qui me croie
20 digne d'une parole et à qui je le rende, sans cesse tres-saillir et de ce que j'ai fait et de ce qu'on me fera : voilà à peu près les seuls biens que puisse m'enlever le bour-reau.

Ah, n'importe, c'est horrible!

IV

La voiture noire me transporta ici, dans ce hideux Bicêtre.

Vu de loin, cet édifice a quelque majesté. Il se

---

1. *je ne sais quel livre où il n'y avait que cela de bon* : le livre dont il est question est *Han d'Islande*, de Victor Hugo lui-même.

déroule à l'horizon, au front d'une colline, et à distance
5 garde quelque chose de son ancienne splendeur, un air
de château de roi. Mais à mesure que vous approchez,
le palais devient masure. Les pignons[1] dégradés
blessent l'œil. Je ne sais quoi de honteux et d'appauvri
salit ces royales façades ; on dirait que les murs ont une
10 lèpre. Plus de vitres, plus de glaces aux fenêtres ; mais
de massifs barreaux de fer entre-croisés, auxquels se
colle çà et là quelque hâve figure d'un galérien ou d'un
fou.

C'est la vie vue de près.

V

À peine arrivé, des mains de fer s'emparèrent de
moi. On multiplia les précautions ; point de couteau,
point de fourchette pour mes repas ; la camisole de
force, une espèce de sac de toile à voilure, emprisonna
5 mes bras ; on répondait de ma vie. Je m'étais pourvu en
cassation. On pouvait avoir pour six ou sept semaines
cette affaire onéreuse, et il importait de me conserver
sain et sauf à la place de Grève•.

Les premiers jours on me traita avec une douceur
10 qui m'était horrible. Les égards d'un guichetier sentent
l'échafaud. Par bonheur, au bout de peu de jours, l'habitude reprit le dessus ; ils me confondirent avec les
autres prisonniers dans une commune brutalité, et
n'eurent plus de ces distinctions inaccoutumées de
15 politesse qui me remettaient sans cesse le bourreau
sous les yeux. Ce ne fut pas la seule amélioration. Ma
jeunesse, ma docilité, les soins de l'aumônier de la prison, et surtout quelques mots en latin que j'adressai au
concierge, qui ne les comprit pas, m'ouvrirent la pro-

---

1. *Les pignons* : le pignon est la partie supérieure d'un mur, terminée en triangle et supportant un toit à deux pentes.

CHAPITRE V

20 menade une fois par semaine avec les autres détenus,
et firent disparaître la camisole où j'étais paralysé.
Après bien des hésitations, on m'a aussi donné de
l'encre, du papier, des plumes, et une lampe de nuit.

Tous les dimanches, après la messe, on me lâche
25 dans le préau, à l'heure de la récréation. Là, je cause
avec les détenus : il le faut bien. Ils sont bonnes gens,
les misérables. Ils me content leurs *tours*, ce serait à
faire horreur, mais je sais qu'ils se vantent. Ils m'apprennent à parler argot, à *rouscailler bigorne*, comme ils
30 disent. C'est toute une langue entée[1] sur la langue
générale comme une espèce d'excroissance hideuse,
comme une verrue. Quelquefois une énergie singulière,
un pittoresque effrayant : *il y a du raisiné sur le trimar*
(du sang sur le chemin), *épouser la veuve* (être pendu),
35 comme si la corde du gibet était veuve de tous les
pendus. La tête d'un voleur a deux noms : *la sorbonne*,
quand elle médite, raisonne et conseille le crime ; *la
tronche*, quand le bourreau la coupe. Quelquefois de
l'esprit de vaudeville : *un cachemire d'osier* (une hotte
40 de chiffonnier), *la menteuse* (la langue) ; et puis partout,
à chaque instant, des mots bizarres, mystérieux, laids
et sordides, venus on ne sait d'où : *le taule* (le bourreau), *la cône* (la mort), *la placarde* (la place des exécutions). On dirait des crapauds et des araignées.
45 Quand on entend parler cette langue, cela fait l'effet de
quelque chose de sale et de poudreux, d'une liasse de
haillons que l'on secouerait devant vous.

Du moins, ces hommes-là me plaignent, ils sont les
seuls. Les geôliers, les guichetiers, les porte-clefs, – je
50 ne leur en veux pas, – causent et rient, et parlent de
moi, devant moi, comme d'une chose.

---

1. *entée* : greffée.

VI

Je me suis dit :

— Puisque j'ai le moyen d'écrire, pourquoi ne le ferais-je pas ? Mais quoi écrire ? Pris entre quatre murailles de pierre nue et froide, sans liberté pour mes pas, sans horizon pour mes yeux, pour unique distraction machinalement occupé tout le jour à suivre la marche lente de ce carré blanchâtre que le judas° de ma porte découpe vis-à-vis sur le mur sombre, et, comme je le disais tout à l'heure, seul à seul avec une idée, une idée de crime et de châtiment, de meurtre et de mort ! est-ce que je puis avoir quelque chose à dire, moi qui n'ai plus rien à faire dans ce monde ? Et que trouverai-je dans ce cerveau flétri et vide qui vaille la peine d'être écrit ?

Pourquoi non ? Si tout, autour de moi, est monotone et décoloré, n'y a-t-il pas en moi une tempête, une lutte, une tragédie ? Cette idée fixe qui me possède ne se présente-t-elle pas à moi à chaque heure, à chaque instant, sous une nouvelle forme, toujours plus hideuse et plus ensanglantée à mesure que le terme approche ? Pourquoi n'essaierais-je pas de me dire à moi-même tout ce que j'éprouve de violent et d'inconnu dans la situation abandonnée où me voilà ? Certes, la matière est riche ; et, si abrégée que soit ma vie, il y aura bien encore dans les angoisses, dans les terreurs, dans les tortures qui la rempliront, de cette heure à la dernière, de quoi user cette plume et tarir cet encrier. — D'ailleurs, ces angoisses, le seul moyen d'en moins souffrir, c'est de les observer, et les peindre m'en distraira.

Et puis, ce que j'écrirai ainsi ne sera peut-être pas inutile. Ce journal de mes souffrances, heure par heure, minute par minute, supplice par supplice, si j'ai la force de le mener jusqu'au moment où il me sera physiquement impossible de continuer, cette histoire, nécessairement inachevée, mais aussi complète que possible, de mes sensations, ne portera-t-elle point avec

elle un grand et profond enseignement? N'y aura-t-il
pas dans ce procès-verbal de la pensée agonisante, dans
cette progression toujours croissante de douleurs, dans
40 cette espèce d'autopsie intellectuelle d'un condamné,
plus d'une leçon pour ceux qui condamnent? Peut-être
cette lecture leur rendra-t-elle la main moins légère,
quand il s'agira quelque autre fois de jeter une tête qui
pense, une tête d'homme, dans ce qu'ils appellent la
45 balance de la justice? Peut-être n'ont-ils jamais réfléchi,
les malheureux, à cette lente succession de tortures que
renferme la formule expéditive d'un arrêt de mort? Se
sont-ils jamais seulement arrêtés à cette idée poignante
que dans l'homme qu'ils retranchent il y a une intel-
50 ligence; une intelligence qui avait compté sur la vie,
une âme qui ne s'est point disposée pour la mort?
Non. Ils ne voient dans tout cela que la chute verticale
d'un couteau triangulaire, et pensent sans doute que
pour le condamné il n'y a rien avant, rien après.

55 Ces feuilles les détromperont. Publiées peut-être un
jour, elles arrêteront quelques moments leur esprit sur
les souffrances de l'esprit; car ce sont celles-là qu'ils ne
soupçonnent pas. Ils sont triomphants de pouvoir tuer
sans presque faire souffrir le corps. Hé! c'est bien de
60 cela qu'il s'agit! Qu'est-ce que la douleur physique près
de la douleur morale! Horreur et pitié, des lois faites
ainsi! Un jour viendra, et peut-être ces mémoires, derniers confidents d'un misérable, y auront-ils contri-
bué...

65 À moins qu'après ma mort le vent ne joue dans le
préau avec ces morceaux de papier souillés de boue,
ou qu'ils n'aillent pourrir à la pluie, collés en étoiles à
la vitre cassée d'un guichetier.

VII

Que ce que j'écris ici puisse être un jour utile à d'autres, que cela arrête le juge prêt à juger, que cela sauve des malheureux, innocents ou coupables, de l'agonie à laquelle je suis condamné, pourquoi? à quoi
5 bon? qu'importe? Quand ma tête aura été coupée, qu'est-ce que cela me fait qu'on en coupe d'autres? Est-ce que vraiment j'ai pu penser ces folies? Jeter bas l'échafaud après que j'y aurai monté! je vous demande un peu ce qui m'en reviendra.

10 Quoi! le soleil, le printemps, les champs pleins de fleurs, les oiseaux qui s'éveillent le matin, les nuages, les arbres, la nature, la liberté, la vie, tout cela n'est plus à moi!

Ah! c'est moi qu'il faudrait sauver! – Est-il bien vrai
15 que cela ne se peut, qu'il faudra mourir demain, aujourd'hui peut-être, que cela est ainsi? Ô Dieu! l'horrible idée à se briser la tête au mur de son cachot!

CHAPITRE VII

Questions

Compréhension

1. *Pourquoi le fait que le prisonnier s'adresse en latin au concierge lui ouvre-t-il la promenade ?*

2. *Relevez quelques incohérences du condamné dans le chapitre V.*

3. *Comment le prisonnier justifie-t-il sa décision de prendre la plume ? Quels sont les arguments développés contre la peine de mort ?*

4. *Pourquoi l'expression « malheureux, innocents ou coupables », située en tête du chapitre VII, est-elle d'importance ?*

Écriture

5. *La langue argotique décrite par Victor Hugo est une langue métaphorique. Montrez-le.*

6. *Quelle fonction occupent les chapitres VI et VII dans l'ensemble du récit ? À quelle autre place du récit auraient-ils pu figurer ?*

7. *À la fin du chapitre VI, le narrateur emploie l'adjectif « misérable ». Expliquez le sens de cet adjectif chez Victor Hugo à partir de son étymologie.*

Recherche

8. *Recherchez dans Les Misérables (quatrième partie, livre septième, chapitres I à IV) le point de vue philosophique de Victor Hugo sur l'argot et résumez-le en quelques lignes. Recherchez dans Les Mystères de Paris d'Eugène Sue quelques emplois imagés d'expressions argotiques.*

Bilan

L'action

• Ce que nous savons

– L'action commence dans la prison de Bicêtre. Un homme au cachot depuis cinq semaines attend son exécution. La condamnation à mort fait de lui un homme définitivement différent.

– Dans un retour en arrière de la narration, il raconte son procès, non pour nous relater les circonstances de son crime, insister sur sa culpabilité ou son innocence, mais pour revenir sur le moment décisif de la sentence et montrer le bouleversement qu'elle entraîne.

– À l'issue du procès, il est donc emmené à Bicêtre dans l'attente du pourvoi en cassation qui doit durer six semaines. Le prisonnier relate alors ses conditions de détention et montre un intérêt de linguiste pour l'argot parlé dans les prisons. Il prend la décision d'écrire le récit de ses dernières journées, de raconter ses angoisses et ses peines en espérant que son journal pourra contribuer un jour à l'abolition de la peine de mort.

• À quoi nous attendre ?

– Le titre du livre, comme les premiers chapitres, nous invitent à attendre une description précise des étapes qui mènent un condamné à la guillotine. Le livre a donc un intérêt documentaire, mais aussi, évidemment, humain. Comment dire l'angoisse de celui dont les heures sont comptées ?

– À ce stade du récit, le lecteur peut encore choisir de partager l'espoir du condamné et attendre du pourvoi la grâce royale. Le suspense peut aussi résider dans cette question : le condamné sera-t-il grâcié ?

Le personnage

• Ce que nous savons

– Seul un personnage paraît digne de l'attention du lecteur : le condamné qui s'exprime à la première personne du singulier. Les autres personnages n'apparaissent que comme des « utilités ». Nous connaissons uniquement leur fonction dans la machine judiciaire ou pénitentiaire. Ils sont des ombres dans le récit.

– Le condamné est anonyme. On ne connaît ni son nom, ni son prénom, ni son âge, ni sa profession. Il est le contemporain de Victor Hugo. Il est encore jeune (chap. V). Il est raffiné par l'édu-

cation, il possède une certaine culture livresque (chap. III) et bourgeoise, il sait le latin et aime à le parler, il semble écrire facilement. Par ailleurs, il aime le soleil, et son esprit, jeune et riche, est plein de fantaisies. Il ressemble beaucoup au Victor Hugo de 1828.
– Curieusement, nous ne connaissons pas son crime. Cette omission, encore réparable, doit étonner le lecteur.
– Déjà, le condamné a montré quelques traits de son caractère. Il est très égocentrique – ce qui est fort excusable dans sa position. Mais ce souci excessif de sa personne ne suscite chez le lecteur ni sympathie, ni véritable pitié. Le rejet de la peine de mort doit venir de la situation du condamné et non de sa personnalité.

• **À quoi nous attendre ?**

Deux questions se posent :
– *Victor Hugo va-t-il lever le voile sur l'anonymat de son personnage et nous donner les raisons de sa condamnation ?*
– *Comment le personnage va-t-il réagir au fur et à mesure que la date de l'exécution va se rapprocher ?*

L'écriture

– Le Dernier Jour d'un condamné est écrit à la première personne du singulier. C'est un cas unique dans toute l'œuvre romanesque de Victor Hugo. Ce livre annonce une nouvelle forme de narration qui va se développer à la fin du siècle : le monologue intérieur.
– Le récit est également écrit à l'indicatif présent. En 1829, les romans à la première personne étaient généralement rétrospectifs et donc écrits au passé. Il s'agissait alors de mémoires ou d'autobiographies. Ici, nous avons affaire à une sorte de journal intime.
– Le livre repose sur une convention grossière : ce condamné est entouré de geôliers bienveillants qui le laissent terminer chaque chapitre, et ceci jusqu'à l'exécution finale. Le procédé n'est cependant pas plus artificiel que celui du roman par lettres.
– Remarquons également que le titre du livre ne semble pas justifié au début du récit, mais correspond plus exactement à ses trente-deux derniers chapitres.

VIII

Comptons ce qui me reste :

Trois jours de délai après l'arrêt prononcé pour le pourvoi• en cassation.

Huit jours d'oubli au parquet de la cour d'assises,
5 après quoi les *pièces*, comme ils disent, sont envoyées au ministre.

Quinze jours d'attente chez le ministre, qui ne sait seulement pas qu'elles existent, et qui cependant est supposé les transmettre, après examen, à la cour de
10 cassation.

Là, classement, numérotage, enregistrement ; car la guillotine est encombrée, et chacun ne doit passer qu'à son tour.

Quinze jours pour veiller à ce qu'il ne vous soit pas
15 fait de passe-droit.

Enfin la cour s'assemble, d'ordinaire un jeudi, rejette vingt pourvois en masse, et renvoie le tout au ministre, qui renvoie au procureur général, qui renvoie au bourreau. Trois jours.

20 Le matin du quatrième jour, le substitut• du procureur général se dit, en mettant sa cravate : – Il faut pourtant que cette affaire finisse. – Alors, si le substitut du greffier n'a pas quelque déjeuner d'amis qui l'en empêche, l'ordre d'exécution est minuté[1], rédigé, mis
25 au net, expédié, et le lendemain dès l'aube on entend dans la place de Grève• clouer une charpente, et dans les carrefours hurler à pleine voix des crieurs enroués.

En tout six semaines. La petite fille avait raison.

Or, voilà cinq semaines au moins, six peut-être, je
30 n'ose compter, que je suis dans ce cabanon de Bicêtre•, et il me semble qu'il y a trois jours c'était jeudi.

---

1. *minuté* : rédigé.

IX

Je viens de faire mon testament.

À quoi bon? Je suis condamné aux frais[1], et tout ce que j'ai y suffira à peine. La guillotine, c'est fort cher.

Je laisse une mère, je laisse une femme, je laisse un enfant.

Une petite fille de trois ans[2], douce, rose, frêle, avec de grands yeux noirs et de longs cheveux châtains.

Elle avait deux ans et un mois quand je l'ai vue pour la dernière fois.

Ainsi, après ma mort, trois femmes, sans fils, sans mari, sans père; trois orphelines de différente espèce; trois veuves du fait de la loi.

J'admets que je sois justement puni; ces innocentes, qu'ont-elles fait? N'importe; on les déshonore, on les ruine. C'est la justice.

Ce n'est pas que ma pauvre vieille mère m'inquiète; elle a soixante-quatre ans, elle mourra du coup. Ou si elle va quelques jours encore, pourvu que jusqu'au dernier moment elle ait un peu de cendre chaude dans sa chaufferette[3], elle ne dira rien.

Ma femme ne m'inquiète pas non plus; elle est déjà d'une mauvaise santé et d'un esprit faible. Elle mourra aussi.

À moins qu'elle ne devienne folle. On dit que cela fait vivre; mais du moins, l'intelligence ne souffre pas; elle dort, elle est comme morte.

Mais ma fille, mon enfant, ma pauvre petite Marie, qui rit, qui joue, qui chante à cette heure et ne pense à rien, c'est celle-là qui me fait mal!

---

1. *condamné aux frais* : condamné à payer le salaire des différents officiers ministériels, dont le bourreau.
2. *Une petite fille de trois ans* : en 1829, Victor Hugo a trois enfants, dont une petite fille de cinq ans, Léopoldine.
3. *chaufferette* : boîte où l'on met de la braise ou de l'eau chaude pour se chauffer.

X

Voici ce que c'est que mon cachot :

Huit pieds carrés[1]. Quatre murailles de pierre de taille qui s'appuient à angle droit sur un pavé de dalles exhaussé d'un degré au-dessus du corridor extérieur.

5 À droite de la porte, en entrant, une espèce d'enfoncement qui fait la dérision d'une alcôve. On y jette une botte de paille où le prisonnier est censé reposer et dormir, vêtu d'un pantalon de toile et d'une veste de coutil[2], hiver comme été.

10 Au-dessus de ma tête, en guise de ciel, une noire voûte en *ogive* – c'est ainsi que cela s'appelle – à laquelle d'épaisses toiles d'araignée pendent comme des haillons.

Du reste, pas de fenêtres, pas même de soupirail. 15 Une porte où le fer cache le bois.

Je me trompe ; au centre de la porte, vers le haut, une ouverture de neuf pouces carrés[3], coupée d'une grille en croix, et que le guichetier peut fermer la nuit.

Au-dehors, un assez long corridor, éclairé, aéré au 20 moyen de soupiraux étroits au haut du mur, et divisé en compartiments de maçonnerie qui communiquent entre eux par une série de portes cintrées et basses ; chacun de ces compartiments sert en quelque sorte d'antichambre à un cachot pareil au mien. C'est dans 25 ces cachots que l'on met les forçats condamnés par le directeur de la prison à des peines de discipline. Les trois premiers cabanons sont réservés aux condamnés à mort, parce qu'étant plus voisins de la geôle ils sont plus commodes pour le geôlier.

30 Ces cachots sont tout ce qui reste de l'ancien châ-

---

1. *Huit pieds carrés* : le pied est une ancienne unité de longueur valant douze pouces, soit 32,48 cm. Huit pieds carrés correspondent donc à 0,84 m².
2. *coutil* : toile serrée utilisée en général pour envelopper les matelas.
3. *neuf pouces carrés* : le pouce est une ancienne unité de longueur qui correspond à environ 27 mm. Neuf pouces carrés valent donc environ 24,3 cm².

teau de Bicêtre* tel qu'il fut bâti dans le quinzième
siècle par le cardinal de Winchester, le même qui fit
brûler Jeanne d'Arc. J'ai entendu dire cela à des *curieux*
qui sont venus me voir l'autre jour dans ma loge, et
35 qui me regardaient à distance comme une bête de la
ménagerie. Le guichetier a eu cent sous.

J'oubliais de dire qu'il y a nuit et jour un faction-
naire de garde à la porte de mon cachot, et que mes
yeux ne peuvent se lever vers la lucarne carrée sans
40 rencontrer ses deux yeux fixes toujours ouverts.

Du reste, on suppose qu'il y a de l'air et du jour
dans cette boîte de pierre.

Questions

Compréhension

1. *Relevez, pour chacune des étapes du pourvoi en cassation (chap. VIII), ce qui évoque la désinvolture de la justice et l'attitude désabusée du condamné ?*

2. *Pourquoi le prisonnier décrit-il longuement son cachot ? Que concluez-vous de cette description ?*

Écriture

3. *Quel est l'effet recherché par l'intermédiaire de la série de phrases nominales du chapitre VIII ?*

4. *Pourquoi le mot « curieux » est-il en italique au chapitre X ?*

5. *Pourquoi le prisonnier utilise-t-il la formule « On suppose qu'il y a de l'air et du jour » à la fin du chapitre X ? Comment appelle-t-on cette figure de style ?*

XI

Puisque le jour ne paraît pas encore, que faire de la nuit? Il m'est venu une idée. Je me suis levé et j'ai promené ma lampe sur les quatre murs de ma cellule. Ils sont couverts d'écritures, de dessins, de figures
5 bizarres, de noms qui se mêlent et s'effacent les uns les autres. Il semble que chaque condamné ait voulu laisser trace, ici du moins. C'est du crayon, de la craie, du charbon, des lettres noires, blanches, grises, souvent de profondes entailles dans la pierre, çà et là des carac-
10 tères rouillés qu'on dirait écrits avec du sang. Certes, si j'avais l'esprit plus libre, je prendrais intérêt à ce livre étrange qui se développe page à page à mes yeux sur chaque pierre de ce cachot. J'aimerais à recomposer un tout de ces fragments de pensée, épars sur la dalle ; à
15 retrouver chaque homme sous chaque nom ; à rendre le sens et la vie à ces inscriptions mutilées, à ces phrases démembrées, à ces mots tronqués, corps sans tête comme ceux qui les ont écrits.

À la hauteur de mon chevet, il y a deux cœurs
20 enflammés, percés d'une flèche, et au-dessus : *Amour pour la vie*. Le malheureux ne prenait pas un long engagement.

À côté, une espèce de chapeau à trois cornes avec une petite figure grossièrement dessinée au-dessous, et
25 ces mots : *Vive l'empereur! 1824*[1].

Encore des cœurs enflammés, avec cette inscription, caractéristique dans une prison : *J'aime et j'adore Mathieu Danvin*. Jacques.

Sur le mur opposé on lit ce nom : *Papavoine*•. Le P
30 majuscule est brodé d'arabesques et enjolivé avec soin.

Un couplet d'une chanson obscène.

Un bonnet de liberté sculpté assez profondément dans la pierre, avec ceci dessous : – *Bories*•. – *La Répu-*

---

1. Vive l'empereur! 1824 : l'empereur Napoléon Ier est mort en 1821.

blique. C'était un des quatre sous-officiers de La
35 Rochelle. Pauvre jeune homme ! Que leurs prétendues
nécessités politiques sont hideuses ! pour une idée,
pour une rêverie, pour une abstraction, cette horrible
réalité qu'on appelle la guillotine ! Et moi qui me plai-
gnais, moi, misérable qui ai commis un véritable crime,
40 qui ai versé du sang !

Je n'irai pas plus loin dans ma recherche. – Je viens
de voir, crayonnée en blanc au coin du mur, une image
épouvantable, la figure de cet échafaud qui, à l'heure
qu'il est, se dresse peut-être pour moi. – La lampe a
45 failli me tomber des mains.

XII

Je suis revenu m'asseoir précipitamment sur ma
paille, la tête dans les genoux. Puis mon effroi d'enfant
s'est dissipé, et une étrange curiosité m'a repris de
continuer la lecture de mon mur.
5 À côté du nom de Papavoine• j'ai arraché une
énorme toile d'araignée, tout épaissie par la poussière
et tendue à l'angle de la muraille. Sous cette toile il y
avait quatre ou cinq noms parfaitement lisibles, parmi
d'autres dont il ne reste rien qu'une tache sur le mur. –
10 DAUTUN•, 1815. – POULAIN•, 1818. – JEAN MARTIN•,
1821. – CASTAING•, 1823. J'ai lu ces noms, et de
lugubres souvenirs me sont venus : Dautun, celui qui a
coupé son frère en quartiers, et qui allait la nuit dans
Paris jetant la tête dans une fontaine et le tronc dans
15 un égout ; Poulain, celui qui a assassiné sa femme ; Jean
Martin, celui qui a tiré un coup de pistolet à son père
au moment où le vieillard ouvrait une fenêtre ; Castaing, ce médecin qui a empoisonné son ami, et qui, le
soignant dans cette dernière maladie qu'il lui avait
20 faite, au lieu de remède lui redonnait du poison ; et
auprès de ceux-là, Papavoine, l'horrible fou qui tuait
les enfants à coups de couteau sur la tête !

Voilà, me disais-je, et un frisson de fièvre me mon-
tait dans les reins, voilà quels ont été avant moi les
25 hôtes de cette cellule. C'est ici, sur la même dalle où je
suis, qu'ils ont pensé leurs dernières pensées, ces
hommes de meurtre et de sang ! c'est autour de ce mur,
dans ce carré étroit, que leurs derniers pas ont tourné
comme ceux d'une bête fauve. Ils se sont succédé à de
30 courts intervalles ; il paraît que ce cachot ne désemplit
pas. Ils ont laissé la place chaude, et c'est à moi qu'ils
l'ont laissée. J'irai à mon tour les rejoindre au cimetière
de Clamart•, où l'herbe pousse si bien !

Je ne suis ni visionnaire, ni superstitieux. Il est pro-
35 bable que ces idées me donnaient un accès de fièvre ;
mais pendant que je rêvais ainsi, il m'a semblé tout à
coup que ces noms fatals étaient écrits avec du feu sur
le mur noir ; un tintement de plus en plus précipité a
éclaté dans mes oreilles ; une lueur rousse a rempli mes
40 yeux ; et puis il m'a paru que le cachot était plein
d'hommes, d'hommes étranges qui portaient leur tête
dans leur main gauche, et la portaient par la bouche,
parce qu'il n'y avait pas de chevelure. Tous me mon-
traient le poing, excepté le parricide [1].

45 J'ai fermé les yeux avec horreur, alors j'ai tout vu
plus distinctement.

Rêve, vision ou réalité, je serais devenu fou, si
une impression brusque ne m'eût réveillé à temps.
J'étais près de tomber à la renverse lorsque j'ai senti se
50 traîner sur mon pied nu un ventre froid et des pattes
velues ; c'était l'araignée que j'avais dérangée et qui
s'enfuyait.

Cela m'a dépossédé. – O les épouvantables spectres !
– Non, c'était une fumée, une imagination de mon cer-
55 veau vide et convulsif. Chimère à la Macbeth [2] ! Les

---

1. *excepté le parricide* : une loi de 1812 stipule que le poing droit des parricides doit être tranché avant leur décapitation.
2. *Chimère à la Macbeth* : le héros qui donne son nom au drame *Macbeth*
(1605) de Shakespeare devient un usurpateur et un régicide après avoir cédé à

morts sont morts, ceux-là surtout. Ils sont bien cade-
nassés dans le sépulcre[1]. Ce n'est pas là une prison
dont on s'évade. Comment se fait-il donc que j'aie eu
peur ainsi ?

60   La porte du tombeau ne s'ouvre pas en dedans.

sa femme et aux prophéties des sorcières. Tourmentée par le remords, Lady
Macbeth est victime d'hallucinations.
1. *sépulcre* : tombeau.

Questions

Écriture

1. *Quel est le rôle symbolique que jouent les toiles d'araignées dans le texte ? Et l'araignée elle-même ?*

2. *Quel est le sens de la dernière phrase du chapitre XII ?*

Recherche

3. *Faites une recherche sur le* Macbeth *de Shakespeare et comparez le délire de Lady Macbeth avec celui du prisonnier. La comparaison introduite par le condamné vous paraît-elle justifiée ?*

4. *Comparez la lecture des inscriptions qui figurent sur les murs du cachot du prisonnier à celle du chapitre VII, livre 4 de* Notre-Dame de Paris.

Mise en images

5. *À quelle forme d'expression picturale moderne vous font penser les inscriptions du cachot du prisonnier ? Reproduisez sur une feuille de papier les murs de ce cachot.*

XIII

J'ai vu, ces jours passés, une chose hideuse.

Il était à peine jour, et la prison était pleine de bruit. On entendait ouvrir et fermer les lourdes portes, grincer les verrous et les cadenas de fer, carillonner les trousseaux de clefs entre-choqués à la ceinture des geôliers, trembler les escaliers du haut en bas sous des pas précipités, et des voix s'appeler et se répondre des deux bouts des longs corridors. Mes voisins de cachot, les forçats en punition, étaient plus gais qu'à l'ordinaire. Tout Bicêtre• semblait rire, chanter, courir, danser.

Moi, seul muet dans ce vacarme, seul immobile dans ce tumulte, étonné et attentif, j'écoutais.

Un geôlier passa.

Je me hasardai à l'appeler et à lui demander si c'était fête dans la prison.

– Fête si l'on veut ! me répondit-il. C'est aujourd'hui qu'on ferre les forçats qui doivent partir demain pour Toulon•. Voulez-vous voir, cela vous amusera.

C'était en effet, pour un reclus solitaire, une bonne fortune qu'un spectacle, si odieux qu'il fût. J'acceptai l'amusement.

Le guichetier prit les précautions d'usage pour s'assurer de moi, puis me conduisit dans une petite cellule vide, et absolument démeublée, qui avait une fenêtre grillée, mais une véritable fenêtre à hauteur d'appui, et à travers laquelle on apercevait réellement le ciel.

– Tenez, me dit-il, d'ici vous verrez et vous entendrez. Vous serez seul dans votre loge comme le roi.

Puis il sortit et referma sur moi serrures, cadenas et verrous.

La fenêtre donnait sur une cour carrée assez vaste, et autour de laquelle s'élevait des quatre côtés, comme une muraille, un grand bâtiment de pierre de taille à six étages. Rien de plus dégradé, de plus nu, de plus misérable à l'œil que cette quadruple façade percée

d'une multitude de fenêtres grillées auxquelles se
tenaient collés, du bas en haut, une foule de visages
maigres et blêmes, pressés les uns au-dessus des autres,
40 comme les pierres d'un mur, et tous pour ainsi dire
encadrés dans les entre-croisements des barreaux de
fer. C'étaient les prisonniers, spectateurs de la cérémonie en attendant leur jour d'être acteurs. On eût dit des
âmes en peine aux soupiraux du purgatoire qui
45 donnent sur l'enfer.

Tous regardaient en silence la cour vide encore. Ils
attendaient. Parmi ces figures éteintes et mornes, çà et
là brillaient quelques yeux perçants et vifs comme des
points de feu.

50 Le carré de prisons qui enveloppe la cour ne se
referme pas sur lui-même. Un des quatre pans de l'édifice (celui qui regarde le levant) est coupé vers son
milieu, et ne se rattache au pan voisin que par une
grille de fer. Cette grille s'ouvre sur une seconde cour,
55 plus petite que la première, et, comme elle, bloquée de
murs et de pignons noirâtres.

Tout autour de la cour principale, des bancs de
pierre s'adossent à la muraille. Au milieu se dresse une
tige de fer courbée, destinée à porter une lanterne.

60 Midi sonna. Une grande porte cochère, cachée sous
un enfoncement, s'ouvrit brusquement. Une charrette,
escortée d'espèces de soldats sales et honteux, en uni-
formes bleus, à épaulettes rouges et à bandoulières
jaunes, entra lourdement dans la cour avec un bruit de
65 ferraille. C'était la chiourme• et les chaînes.

Au même instant, comme si ce bruit réveillait tout le
bruit de la prison, les spectateurs des fenêtres, jusqu'alors silencieux et immobiles, éclatèrent en cris de
joie, en chansons, en menaces, en imprécations mêlées
70 d'éclats de rire poignants à entendre. On eût cru voir
des masques de démons. Sur chaque visage parut une
grimace, tous les poings sortirent des barreaux, toutes
les voix hurlèrent, tous les yeux flamboyèrent, et je fus
épouvanté de voir tant d'étincelles reparaître dans cette
75 cendre.

Cependant les argousins•, parmi lesquels on distinguait, à leurs vêtements propres et à leur effroi, quelques curieux venus de Paris, les argousins se mirent tranquillement à leur besogne. L'un d'eux
80 monta sur la charrette, et jeta à ses camarades les chaînes, les colliers de voyage, et les liasses de pantalons de toile. Alors ils se dépecèrent le travail ; les uns allèrent étendre dans un coin de la cour les longues chaînes qu'ils nommaient dans leur argot *les*
85 *ficelles* ; les autres déployèrent sur le pavé *les taffetas*, les chemises et les pantalons ; tandis que les plus sagaces examinaient un à un, sous l'œil de leur capitaine, petit vieillard trapu, les carcans de fer, qu'ils éprouvaient ensuite en les faisant étinceler sur le pavé. Le tout aux
90 acclamations railleuses des prisonniers, dont la voix n'était dominée que par les rires bruyants des forçats pour qui cela se préparait, et qu'on voyait relégués aux croisées de la vieille prison qui donne sur la petite cour.
95 Quand ces apprêts furent terminés, un monsieur brodé en argent, qu'on appelait *monsieur l'inspecteur*, donna un ordre au *directeur* de la prison ; et un moment après, voilà que deux ou trois portes basses vomirent presque en même temps, et comme par bouf-
100 fées, dans la cour, des nuées d'hommes hideux, hurlants et déguenillés. C'étaient les forçats.
À leur entrée, redoublement de joie aux fenêtres. Quelques-uns d'entre eux, les grands noms du bagne, furent salués d'acclamations et d'applaudissements
105 qu'ils recevaient avec une sorte de modestie fière. La plupart avaient des espèces de chapeaux tressés de leurs propres mains avec la paille du cachot, et toujours d'une forme étrange, afin que dans les villes où l'on passerait le chapeau fît remarquer la tête. Ceux-là
110 étaient plus applaudis encore. Un, surtout, excita des transports d'enthousiasme : un jeune homme de dixsept ans, qui avait un visage de jeune fille. Il sortait du cachot, où il était au secret depuis huit jours ; de sa botte de paille il s'était fait un vêtement qui l'envelop-

115 pait de la tête aux pieds, et il entra dans la cour en
faisant la roue sur lui-même avec l'agilité d'un serpent.
C'était un baladin condamné pour vol. Il y eut une
rage de battements de mains et de cris de joie. Les
galériens y répondaient, et c'était une chose effrayante
120 que cet échange de gaietés entre les forçats en titre et
les forçats aspirants. La société avait beau être là, repré-
sentée par les geôliers et les curieux épouvantés, le
crime la narguait en face, et de ce châtiment horrible
faisait une fête de famille.

125 À mesure qu'ils arrivaient, on les poussait, entre
deux haies de gardes-chiourme•, dans la petite cour
grillée, où la visite des médecins les attendait. C'est là
que tous tentaient un dernier effort pour éviter le
voyage, alléguant quelque excuse de santé, les yeux
130 malades, la jambe boiteuse, la main mutilée. Mais
presque toujours on les trouvait bons pour le bagne ; et
alors chacun se résignait avec insouciance, oubliant en
peu de minutes sa prétendue infirmité de toute la
vie.

135 La grille de la petite cour se rouvrit. Un gardien fit
l'appel par ordre alphabétique ; et alors ils sortirent un à
un, et chaque forçat s'alla ranger debout dans un coin
de la grande cour, près d'un compagnon donné par le
hasard de sa lettre initiale. Ainsi chacun se voit réduit à
140 lui-même ; chacun porte sa chaîne pour soi, côte à côte
avec un inconnu ; et si par hasard un forçat a un ami, la
chaîne l'en sépare. Dernière des misères !

Quand il y en eut à peu près une trentaine de sortis,
on referma la grille. Un argousin• les aligna avec son
145 bâton, jeta devant chacun d'eux une chemise, une veste
et un pantalon de grosse toile, puis fit un signe, et tous
commencèrent à se déshabiller. Un incident inattendu
vint, comme à point nommé, changer cette humiliation
en torture.

150 Jusqu'alors le temps avait été assez beau, et, si la
brise d'octobre refroidissait l'air, de temps en temps
aussi elle ouvrait çà et là dans les brumes grises du ciel
une crevasse par où tombait un rayon de soleil. Mais à

peine les forçats se furent-ils dépouillés de leurs hail-
155 lons de prison, au moment où ils s'offraient nus et
debout à la visite soupçonneuse des gardiens, et aux
regards curieux des étrangers qui tournaient autour
d'eux pour examiner leurs épaules, le ciel devint noir,
une froide averse d'automne éclata brusquement, et se
160 déchargea à torrents dans la cour carrée, sur les têtes
découvertes, sur les membres nus des galériens, sur
leurs misérables sayons[1] étalés sur le pavé.

En un clin d'œil le préau se vida de tout ce qui
n'était pas argousin• ou galérien. Les curieux de Paris
165 allèrent s'abriter sous les auvents des portes.

Cependant la pluie tombait à flots. On ne voyait
plus dans la cour que les forçats nus et ruisselants sur
le pavé noyé. Un silence morne avait succédé à leurs
bruyantes bravades. Ils grelottaient, leurs dents cla-
170 quaient ; leurs jambes maigries, leurs genoux noueux
s'entre-choquaient ; et c'était pitié de les voir appliquer
sur leurs membres bleus ces chemises trempées, ces
vestes, ces pantalons dégouttant de pluie. La nudité eût
été meilleure.

175 Un seul, un vieux, avait conservé quelque gaieté. Il
s'écria, en s'essuyant avec sa chemise mouillée, que *cela
n'était pas dans le programme* ; puis se prit à rire en
montrant le poing au ciel.

Quand ils eurent revêtu les habits de route, on les
180 mena par bandes de vingt ou trente à l'autre coin du
préau, où les cordons allongés à terre les attendaient.
Ces cordons sont de longues et fortes chaînes coupées
transversalement de deux en deux pieds par d'autres
chaînes plus courtes, à l'extrémité desquelles se rat-
185 tache un carcan carré, qui s'ouvre au moyen d'une
charnière pratiquée à l'un des angles et se ferme à
l'angle opposé par un boulon de fer, rivé pour tout le
voyage sur le cou du galérien. Quand ces cordons sont

---

1. *leurs misérables sayons* : le sayon est une tunique anciennement portée par
les paysans.

190 développés à terre, ils figurent assez bien la grande arête d'un poisson.

On fit asseoir les galériens dans la boue, sur les pavés inondés ; on leur essaya les colliers ; puis deux forgerons de la chiourme*, armés d'enclumes portatives, les leur rivèrent à froid à grands coups de masses de fer.
195 C'est un moment affreux, où les plus hardis pâlissent. Chaque coup de marteau, asséné sur l'enclume appuyée à leur dos, fait rebondir le menton du patient ; le moindre mouvement d'avant en arrière lui ferait sauter le crâne comme une coquille de noix.

200 Après cette opération, ils devinrent sombres. On n'entendait plus que le grelottement des chaînes, et par intervalles un cri et le bruit sourd du bâton des gardeschiourme sur les membres des récalcitrants. Il y en eut qui pleurèrent ; les vieux frissonnaient et se mordaient les
205 lèvres. Je regardai avec terreur tous ces profils sinistres dans leurs cadres de fer.

Ainsi, après la visite des médecins, la visite des geôliers ; après la visite des geôliers, le ferrage. Trois actes à ce spectacle.
210 Un rayon de soleil reparut. On eût dit qu'il mettait le feu à tous ces cerveaux. Les forçats se levèrent à la fois, comme par un mouvement convulsif. Les cinq cordons se rattachèrent par les mains, et tout à coup se formèrent en ronde immense autour de la branche de la lanterne. Ils
215 tournaient à fatiguer les yeux. Ils chantaient une chanson du bagne, une romance d'argot, sur un air tantôt plaintif, tantôt furieux et gai ; on entendait par intervalles des cris grêles, des éclats de rire déchirés et haletants se mêler aux mystérieuses paroles ; puis des acclamations furibondes ;
220 et les chaînes qui s'entre-choquaient en cadence servaient d'orchestre à ce chant plus rauque que leur bruit. Si je cherchais une image du sabbat[1], je ne la voudrais ni meilleure ni pire.

---

1. *sabbat* : assemblée nocturne et bruyante de sorciers et de sorcières au Moyen Âge.

On apporta dans le préau un large baquet. Les gardes-
225 chiourme• rompirent la danse des forçats à coups de
bâton, et les conduisirent à ce baquet, dans lequel on
voyait nager je ne sais quelles herbes dans je ne sais quel
liquide fumant et sale. Ils mangèrent.

Puis, ayant mangé, ils jetèrent sur le pavé ce qui restait
230 de leur soupe et de leur pain bis, et se remirent à danser
et à chanter. Il paraît qu'on leur laisse cette liberté le jour
du ferrage et la nuit qui le suit.

J'observais ce spectacle étrange avec une curiosité si
avide, si palpitante, si attentive, que je m'étais oublié
235 moi-même. Un profond sentiment de pitié me remuait
jusqu'aux entrailles, et leurs rires me faisaient pleurer.

Tout à coup, à travers la rêverie profonde où j'étais
tombé, je vis la ronde hurlante s'arrêter et se taire. Puis
tous les yeux se tournèrent vers la fenêtre que j'occupais.
240 – Le condamné ! le condamné ! crièrent-ils tous en me
montrant du doigt ; et les explosions de joie redou-
blèrent.

Je restai pétrifié.

J'ignore d'où ils me connaissaient et comment ils
245 m'avaient reconnu.

– Bonjour ! bonsoir ! me crièrent-ils avec leur ricane-
ment atroce. Un des plus jeunes, condamné aux galères
perpétuelles, face luisante et plombée, me regarda d'un
air d'envie en disant : – Il est heureux ! il sera *rogné* !
250 Adieu, camarade !

Je ne puis dire ce qui se passait en moi. J'étais leur
camarade en effet. La Grève• est sœur de Toulon•. J'étais
même placé plus bas qu'eux : ils me faisaient honneur. Je
frissonnai.

255 Oui, leur camarade ! Et quelques jours plus tard, j'aurais pu aussi, moi, être un spectacle pour eux.

J'étais demeuré à la fenêtre, immobile, perclus, paralysé. Mais quand je vis les cinq cordons s'avancer, se ruer
vers moi avec des paroles d'une infernale cordialité ;
260 quand j'entendis le tumultueux fracas de leurs chaînes,
de leurs clameurs, de leurs pas, au pied du mur, il me
sembla que cette nuée de démons escaladait ma misé-

rable cellule ; je poussai un cri, je me jetai sur la porte
d'une violence à la briser ; mais pas moyen de fuir. Les
265 verrous étaient tirés en dehors. Je heurtai, j'appelai
avec rage. Puis il me sembla entendre de plus près
encore les effrayantes voix des forçats. Je crus voir leurs
têtes hideuses paraître déjà au bord de ma fenêtre, je
poussai un second cri d'angoisse, et je tombai évanoui.

XIV

Quand je revins à moi, il était nuit. J'étais couché
dans un grabat• ; une lanterne qui vacillait au plafond
me fit voir d'autres grabats alignés des deux côtés du
mien. Je compris qu'on m'avait transporté à l'infirme-
5 rie.
Je restai quelques instants éveillé, mais sans pensée
et sans souvenir, tout entier au bonheur d'être dans un
lit. Certes, en d'autres temps, ce lit d'hôpital et de prison m'eût fait reculer de dégoût et de pitié ; mais je
10 n'étais plus le même homme. Les draps étaient gris et
rudes au toucher, la couverture maigre et trouée ; on
sentait la paillasse à travers le matelas ; qu'importe !
mes membres pouvaient se déroidir à l'aise entre ces
draps grossiers ; sous cette couverture, si mince qu'elle
15 fût, je sentais se dissiper peu à peu cet horrible froid
de la moelle des os dont j'avais pris l'habitude. – Je me
rendormis.
Un grand bruit me réveilla ; il faisait petit jour. Ce
bruit venait du dehors ; mon lit était à côté de la
20 fenêtre, je me levai sur mon séant pour voir ce que
c'était.
La fenêtre donnait sur la grande cour de Bicêtre•.
Cette cour était pleine de monde ; deux haies de vétérans avaient peine à maintenir libre, au milieu de cette
25 foule, un étroit chemin qui traversait la cour. Entre ce

double rang de soldats cheminaient lentement, caho-
tées à chaque pavé, cinq longues charrettes chargées
d'hommes ; c'étaient les forçats qui partaient.

Ces charrettes étaient découvertes. Chaque cordon
30 en occupait une. Les forçats étaient assis de côté sur
chacun des bords, adossés les uns aux autres, séparés
par la chaîne commune, qui se développait dans la
longueur du chariot, et sur l'extrémité de laquelle un
argousin• debout, fusil chargé, tenait le pied. On enten-
35 dait bruire leurs fers•, et, à chaque secousse de la voiture, on voyait sauter leurs têtes et ballotter leurs
jambes pendantes.

Une pluie fine et pénétrante glaçait l'air, et collait sur
leurs genoux leurs pantalons de toile, de gris devenus
40 noirs. Leurs longues barbes, leurs cheveux courts, ruis-
selaient ; leurs visages étaient violets ; on les voyait gre-
lotter, et leurs dents grinçaient de rage et de froid. Du
reste, pas de mouvements possibles. Une fois rivé à
cette chaîne, on n'est plus qu'une fraction de ce tout
45 hideux qu'on appelle le cordon, et qui se meut comme
un seul homme. L'intelligence doit abdiquer, le carcan
du bagne la condamne à mort ; et quant à l'animal
lui-même, il ne doit plus avoir de besoins et d'appétits
qu'à heures fixes. Ainsi, immobiles, la plupart demi-
50 nus, têtes découvertes et pieds pendants, ils commen-
çaient leur voyage de vingt-cinq jours, chargés sur les
mêmes charrettes, vêtus des mêmes vêtements pour le
soleil à plomb de juillet et pour les froides pluies de
novembre. On dirait que les hommes veulent mettre le
55 ciel de moitié dans leur office de bourreaux.

Il s'était établi entre la foule et les charrettes je ne
sais quel horrible dialogue : injures d'un côté, bravades
de l'autre, imprécations des deux parts ; mais, à un
signe du capitaine, je vis les coups de bâton pleuvoir
60 au hasard dans les charrettes, sur les épaules ou sur les
têtes, et tout rentra dans cette espèce de calme extérieur qu'on appelle l'ordre. Mais les yeux étaient pleins
de vengeance, et les poings des misérables se crispaient
sur leurs genoux.

CHAPITRE XV

65   Les cinq charrettes, escortées de gendarmes à cheval
et d'argousins• à pied, disparurent successivement sous
la haute porte cintrée de Bicêtre• ; une sixième les sui-
vit, dans laquelle ballottaient pêle-mêle les chaudières,
les gamelles de cuivre et les chaînes de rechange. Quel-
70 ques gardes-chiourme• qui s'étaient attardés à la cantine sortirent en courant pour rejoindre leur escouade.
La foule s'écoula. Tout ce spectacle s'évanouit comme
une fantasmagorie•. On entendit s'affaiblir par degrés
dans l'air le bruit lourd des roues et des pieds des
75 chevaux sur la route pavée de Fontainebleau, le claque-
ment des fouets, le cliquetis des chaînes, et les hurlements du peuple qui souhaitait malheur au voyage des
galériens.

    Et c'est là pour eux le commencement !

80   Que me disait-il donc, l'avocat ? Les galères ! Ah !
oui, plutôt mille fois la mort ! plutôt l'échafaud que le
bagne, plutôt le néant que l'enfer ; plutôt livrer mon
cou au couteau de Guillotin• qu'au carcan de la
chiourme ! Les galères, juste ciel !

XV

    Malheureusement je n'étais pas malade. Le lende-
main il fallut sortir de l'infirmerie. Le cachot me reprit.

    Pas malade ! en effet, je suis jeune, sain et fort. Le
sang coule librement dans mes veines ; tous mes
5 membres obéissent à tous mes caprices ; je suis robuste
de corps et d'esprit, constitué pour une longue vie ;
oui, tout cela est vrai ; et cependant j'ai une maladie,
une maladie mortelle, une maladie faite de la main des
hommes.

10   Depuis que je suis sorti de l'infirmerie, il m'est venu
une idée poignante, une idée à me rendre fou, c'est que
j'aurais peut-être pu m'évader si l'on m'y avait laissé.
Ces médecins, ces sœurs de charité, semblaient
prendre intérêt à moi. Mourir si jeune et d'une telle

49

15 mort! On eût dit qu'ils me plaignaient, tant ils étaient
empressés autour de mon chevet. Bah! curiosité! Et
puis, ces gens qui guérissent vous guérissent bien
d'une fièvre, mais non d'une sentence de mort. Et
pourtant cela leur serait si facile! une porte ouverte!
20 Qu'est-ce que cela leur ferait?

Plus de chance maintenant! mon pourvoi• sera
rejeté, parce que tout est en règle; les témoins ont bien
témoigné, les plaideurs ont bien plaidé, les juges ont
bien jugé. Je n'y compte pas, à moins que... Non, folie!
25 plus d'espérance! Le pourvoi, c'est une corde qui vous
tient suspendu au-dessus de l'abîme, et qu'on entend
craquer à chaque instant, jusqu'à ce qu'elle se casse.
C'est comme si le couteau de la guillotine mettait six
semaines à tomber.

30 Si j'avais ma grâce? – Avoir ma grâce! Et par qui? et
pourquoi? et comment? Il est impossible qu'on me
fasse grâce. L'exemple! comme ils disent.

Je n'ai plus que trois pas à faire : Bicêtre•, la Concier-
gerie•, la Grève•.

XVI

Pendant le peu d'heures que j'ai passées à l'infirmerie, je m'étais assis près d'une fenêtre, au soleil, – il
avait reparu – ou du moins recevant du soleil tout ce
que les grilles de la croisée m'en laissaient.
5 J'étais là, ma tête pesante et embrasée dans mes deux
mains, qui en avaient plus qu'elles n'en pouvaient porter, mes coudes sur mes genoux, les pieds sur les barreaux de ma chaise, car l'abattement fait que je me
courbe et me replie sur moi-même comme si je n'avais
10 plus ni os dans les membres ni muscles dans la chair.
L'odeur étouffée de la prison me suffoquait plus que
jamais, j'avais encore dans l'oreille tout ce bruit de
chaînes des galériens, j'éprouvais une grande lassitude
de Bicêtre. Il me semblait que le bon Dieu devrait bien

15 avoir pitié de moi et m'envoyer au moins un petit oiseau pour chanter là, en face, au bord du toit.

Je ne sais si ce fut le bon Dieu ou le démon qui m'exauça ; mais presque au même moment j'entendis s'élever sous ma fenêtre une voix, non celle d'un 20 oiseau, mais bien mieux : la voix pure, fraîche, veloutée d'une jeune fille de quinze ans. Je levai la tête comme en sursaut, j'écoutai avidement la chanson qu'elle chantait. C'était un air lent et langoureux, une espèce de roucoulement triste et lamentable ; voici les paroles :

25
C'est dans la rue du Mail
Où j'ai été coltigé,
Maluré,
Par trois coquins de railles,
Lirlonfa malurette,
30
Sur mes sique' ont foncé,
Lirlonfa maluré.

Je ne saurais dire combien fut amer mon désappointement. La voix continua :

35
Sur mes sique' ont foncé,
Maluré.
Ils m'ont mis la tartouve,
Lirlonfa malurette,
Grand Meudon est aboulé,
40
Lirlonfa maluré.
Dans mon trimin rencontre
Lirlonfa malurette,
Un peigre du quartier,
Lirlonfa maluré.

45
Un peigre du quartier.
Maluré.
– Va-t'en dire à ma largue,
Lirlonfa malurette,
Que je suis enfourraillé,
50
Lirlonfa maluré.
Ma largue tout en colère,

51

> *Lirlonfa malurette,*
> *M'dit : Qu'as-tu donc morfillé ?*
> *Lirlonfa maluré.*

55   *M'dit : Qu'as-tu donc morfillé ?*
> *Maluré.*
> *– J'ai fait suer un chêne,*
> *Lirlonfa malurette,*
> *Son auberg j'ai enganté,*
60   *Lirlonfa maluré,*
> *Son auberg et sa toquante,*
> *Lirlonfa malurette,*
> *Et ses attach's de cés,*
> *Lirlonfa maluré.*

65   *Et ses attach's de cés,*
> *Maluré. –*
> *Ma largu' part pour Versailles,*
> *Lirlonfa malurette,*
> *Aux pieds d'sa majesté,*
70   *Lirlonfa maluré.*
> *Elle lui fonce un babillard,*
> *Lirlonfa malurette,*

> *Pour m'faire défourailler,*
> *Lirlonfa maluré.*
75   *Pour m'faire défourailler,*
> *Maluré.*
> *– Ah ! si j'en défouraille,*
> *Lirlonfa malurette,*
> *Ma largue j'entiferai,*
80   *Lirlonfa maluré.*
> *J'li ferai porter fontange,*
> *Lirlonfa malurette,*

> *Et souliers galuchés,*
> *Lirlonfa maluré.*
85   *Et souliers galuchés,*
> *Maluré.*

Mais grand dabe qui s'fâche,
Lirlonfa malurette,
Dit : – Par mon caloquet,
90 *Lirlonfa maluré,*
J'li ferai danser une danse,
Lirlonfa malurette,
Où il n'y a pas de plancher,
Lirlonfa maluré. –

95 Je n'en ai pas entendu et n'aurais pu en entendre
davantage. Le sens à demi compris et à demi caché de
cette horrible complainte, cette lutte du brigand avec le
guet, ce voleur qu'il rencontre et qu'il dépêche à sa
femme, cet épouvantable message : J'ai assassiné un
100 homme et je suis arrêté, *j'ai fait suer un chêne et je suis*
enfourraillé ; cette femme qui court à Versailles avec un
placet, et cette *Majesté* qui s'indigne et menace le coupable *de lui faire danser la danse où il n'y a pas de*
plancher ; et tout cela chanté sur l'air le plus doux et
105 par la plus douce voix qui ait jamais endormi l'oreille
humaine !... J'en suis resté navré, glacé, anéanti. C'était
une chose repoussante que toutes ces monstrueuses
paroles sortant de cette bouche vermeille et fraîche. On
eût dit la bave d'une limace sur une rose.
110   Je ne saurais rendre ce que j'éprouvais ; j'étais à la
fois blessé et caressé. Le patois de la caverne et du
bagne, cette langue ensanglantée et grotesque, ce
hideux argot marié à une voix de jeune fille, gracieuse
transition de la voix d'enfant à la voix de femme ! tous
115 ces mots difformes et mal faits, chantés, cadencés, per-
lés !

   Ah ! qu'une prison est quelque chose d'infâme ! il y a
un venin qui y salit tout. Tout s'y flétrit, même la chanson d'une fille de quinze ans ! Vous y trouvez un
120 oiseau, il a de la boue sur son aile ; vous y cueillez une
jolie fleur, vous la respirez : elle pue.

XVII

Oh! si je m'évadais, comme je courrais à travers champs!

Non, il ne faudrait pas courir. Cela fait regarder et soupçonner. Au contraire, marcher lentement, tête
5 levée, en chantant. Tâcher d'avoir quelque vieux sarrau• bleu à dessins rouges. Cela déguise bien. Tous les maraîchers des environs en portent.

Je sais auprès d'Arcueil un fourré d'arbres à côté d'un marais, où, étant au collège, je venais avec mes
10 camarades pêcher des grenouilles tous les jeudis. C'est là que je me cacherais jusqu'au soir.

La nuit tombée, je reprendrais ma course. J'irais à Vincennes. Non, la rivière m'empêcherait. J'irais à Arpajon. – Il aurait mieux valu prendre du côté de
15 Saint-Germain, et aller au Havre, et m'embarquer pour l'Angleterre. – N'importe! j'arrive à Longjumeau. Un gendarme passe; il me demande mon passeport... Je suis perdu!

Ah! malheureux rêveur, brise donc d'abord le mur
20 épais de trois pieds qui t'emprisonne! La mort! la mort!

Quand je pense que je suis venu tout enfant, ici, à Bicêtre•, voir le grand puits[1] et les fous!

---

1. *le grand puits* : le puits de Bicêtre était célèbre pour sa profondeur et pour le manège des aliénés chargés de tirer l'eau, jusqu'à la mise en place, en 1858, d'une machine à vapeur.

Compréhension

1. À quels indices voit-on que le prisonnier a oublié son propre sort pour devenir un observateur impartial de la scène ? De qui se fait-il alors l'interprète ?

2. À quel autre espace pourrait-on comparer la cellule d'où le condamné observe le drame du ferrement ?

3. Quel est le sens du retournement final ?

Écriture

4. Quelle est la figure de style utilisée dans la phrase : « C'était la chiourme et les chaînes » (chap. XIII) ?

5. Relevez dans le texte toutes les allusions à l'enfer. Quel est le grand texte littéraire qui prend l'enfer pour principal décor ?

6. Proposez une traduction poétique, voire rimée, de la chanson que chante la jeune fille au chapitre XVI.

Recherche

7. Faites une recherche sur le sabbat des sorciers et des sorcières. Quels sont les points communs entre le sabbat et le spectacle offert au condamné ?

8. La charrette a la réputation d'être un humiliant moyen de transport pour les hommes. Quel héros de roman médiéval emprunte une charrette ? Racontez les circonstances de son humiliation. En quoi sa situation est-elle cependant très différente de celle des forçats ?

Bilan

L'action

• Ce que nous savons

– *Le condamné relate les événements de sa semaine à Bicêtre. Il assiste notamment, depuis une petite cellule, au ferrage des forçats en partance pour Toulon. Il décrit cette scène en spectateur peu impliqué et nous donne une étude documentaire mais indignée de cette cérémonie. Derrière le condamné pointe l'humaniste : Victor Hugo.*

– *Le personnage oublie pendant un moment que son statut de condamné à mort fait également de lui un objet de spectacle et d'exception. Et la réaction des forçats à sa vue provoque chez lui une violente émotion, une sorte de crise nerveuse qui le conduit à l'infirmerie. Lorsqu'il en sort, c'est pour apprendre que la date de son exécution est fixée et qu'il va retourner à Bicêtre.*

• À quoi nous attendre ?

– *D'un point de vue documentaire, quelles sont les étapes à franchir avant l'échafaud ?*

– *D'un point de vue humain, quelle sera l'attitude du condamné devant la mort ?*

Le personnage

• Ce que nous savons

– *Nous venons d'apprendre quelques détails supplémentaires concernant la famille du condamné. Avant son incarcération, celui-ci vivait dans un milieu exclusivement féminin : une mère, une femme et surtout une fille, Marie, qui semble constituer l'unique lien qui le rattache encore à la vie.*

– *Le condamné à mort est irrémédiablement seul. Il est un paria, isolé même des forçats pour qui la déportation signifie encore vivre. La politesse du guichetier et celle du directeur ne sont que des égards dus à celui qui va mourir.*

• À quoi nous attendre ?

– *Le personnage reverra-t-il sa fille avant l'exécution ?*

XVIII

Pendant que j'écrivais tout ceci, ma lampe a pâli, le jour est venu, l'horloge de la chapelle a sonné six heures. –

Qu'est-ce que cela veut dire? Le guichetier de garde vient d'entrer dans mon cachot, il a ôté sa casquette, m'a salué, s'est excusé de me déranger, et m'a demandé, en adoucissant de son mieux sa rude voix, ce que je désirais à déjeuner?...

Il m'a pris un frisson. – Est-ce que ce serait pour aujourd'hui?

XIX

C'est pour aujourd'hui!

Le directeur de la prison lui-même vient de me rendre visite. Il m'a demandé en quoi il pourrait m'être agréable ou utile, a exprimé le désir que je n'eusse pas à me plaindre de lui ou de ses subordonnés, s'est informé avec intérêt de ma santé et de la façon dont j'avais passé la nuit; en me quittant, il m'a appelé *monsieur*!

C'est pour aujourd'hui!

XX

Il ne croit pas, ce geôlier, que j'aie à me plaindre de lui et de ses sous-geôliers. Il a raison. Ce serait mal à moi de me plaindre; ils ont fait leur métier, ils m'ont bien gardé; et puis ils ont été polis à l'arrivée et au départ. Ne dois-je pas être content?

Ce bon geôlier, avec son sourire bénin, ses paroles caressantes, son œil qui flatte et qui espionne, ses

grosses et larges mains, c'est la prison incarnée, c'est
Bicêtre• qui s'est fait homme. Tout est prison autour de
10 moi ; je retrouve la prison sous toutes les formes, sous
la forme humaine comme sous la forme de grille ou de
verrou. Ce mur, c'est de la prison en pierre ; cette
porte, c'est de la prison en bois ; ces guichetiers, c'est
de la prison en chair et en os. La prison est une espèce
15 d'être horrible, complet, indivisible, moitié maison,
moitié homme. Je suis sa proie ; elle me couve, elle
m'enlace de tous ses replis. Elle m'enferme dans ses
murailles de granit, me cadenasse sous ses serrures de
fer, et me surveille avec ses yeux de geôlier.
20   Ah ! misérable ! que vais-je devenir ? qu'est-ce qu'ils
vont faire de moi ?

XXI

Je suis calme maintenant. Tout est fini, bien fini. Je
suis sorti de l'horrible anxiété où m'avait jeté la visite
du directeur. Car, je l'avoue, j'espérais encore. — Maintenant, Dieu merci, je n'espère plus.
5   Voici ce qui vient de se passer :
Au moment où six heures et demie sonnaient, —
non, c'était l'avant-quart, — la porte de mon cachot s'est
rouverte. Un vieillard à tête blanche, vêtu d'une redingote brune, est entré. Il a entr'ouvert sa redingote. J'ai
10 vu une soutane, un rabat. C'était un prêtre.
Ce prêtre n'était pas l'aumônier• de la prison. Cela
était sinistre.
Il s'est assis en face de moi avec un sourire bienveil-
lant ; puis a secoué la tête et levé les yeux au ciel,
15 c'est-à-dire à la voûte du cachot. Je l'ai compris.
— Mon fils, m'a-t-il dit, êtes-vous préparé ?
Je lui ai répondu d'une voix faible :
— Je ne suis pas préparé, mais je suis prêt.
Cependant ma vue s'est troublée, une sueur glacée
20 est sortie à la fois de tous mes membres, j'ai senti mes

tempes se gonfler, et j'avais les oreilles pleines de bour-
donnements.

Pendant que je vacillais sur ma chaise comme
endormi, le bon vieillard parlait. C'est du moins ce
25 qu'il m'a semblé, et je crois me souvenir que j'ai vu ses
lèvres remuer, ses mains s'agiter, ses yeux reluire.

La porte s'est rouverte une seconde fois. Le bruit des
verrous nous a arrachés, moi à ma stupeur, lui à son
discours. Une espèce de monsieur en habit noir,
30 accompagné du directeur de la prison, s'est présenté, et
m'a salué profondément. Cet homme avait sur le visage
quelque chose de la tristesse officielle des employés des
pompes funèbres. Il tenait un rouleau de papier à la
main.

35 — Monsieur, m'a-t-il dit avec un sourire de courtoi-
sie, je suis huissier près la cour royale de Paris. J'ai
l'honneur de vous apporter un message de la part de
monsieur le procureur général.

La première secousse était passée. Toute ma présence
40 d'esprit m'était revenue.

— C'est monsieur le procureur général, lui ai-je
répondu, qui a demandé si instamment ma tête ? Bien
de l'honneur pour moi qu'il m'écrive. J'espère que ma
mort lui va faire grand plaisir ? car il me serait dur de
45 penser qu'il l'a sollicitée avec tant d'ardeur et qu'elle lui
était indifférente.

J'ai dit tout cela, et j'ai repris d'une voix ferme :
— Lisez, monsieur !

Il s'est mis à me lire un long texte, en chantant à la
50 fin de chaque ligne et en hésitant au milieu de chaque
mot. C'était le rejet de mon pourvoi•.

— L'arrêt sera exécuté aujourd'hui en place de Grè-
ve•, a-t-il ajouté quand il a eu terminé, sans lever les
yeux de dessus son papier timbré. Nous partons à sept
55 heures et demie précises pour la Conciergerie•. Mon
cher monsieur, aurez-vous l'extrême bonté de me
suivre ?

Depuis quelques instants je ne l'écoutais plus. Le
directeur causait avec le prêtre ; lui, avait l'œil fixé sur

60 son papier ; je regardais la porte, qui était restée
entr'ouverte... – Ah ! misérable ! quatre fusiliers[1] dans
le corridor !

L'huissier a répété sa question, en me regardant cette
fois.

65 – Quand vous voudrez, lui ai-je répondu. À votre
aise !

Il m'a salué en disant :

– J'aurai l'honneur de venir vous chercher dans une
demi-heure.

70 Alors ils m'ont laissé seul.

Un moyen de fuir, mon Dieu ! un moyen quelconque ! Il faut que je m'évade ! il le faut ! sur-le-
champ ! par les portes, par les fenêtres, par la charpente du toit ! quand même je devrais laisser de ma
75 chair après les poutres !

Ô rage ! démons ! malédiction ! Il faudrait des mois
pour percer ce mur avec de bons outils, et je n'ai ni un
clou, ni une heure !

---

1. *fusiliers* : soldats armés de fusils.

Questions

Compréhension

1. *Comparez l'attitude du guichetier au chapitre XVIII avec celle qu'il avait aux chapitres précédents. Qu'en conclut le prisonnier ?*

2. *Au chapitre XIX, pourquoi le prisonnier note-t-il avec une angoisse manifeste que le directeur l'appelle « monsieur » ? Quelle conclusion en tire-t-il ?*

Écriture

3. *Quel est l'effet pour le lecteur de la brièveté des chapitres XVIII et XIX ?*

4. *Expliquez la phrase du chapitre XXI : « Je ne suis pas préparé, mais je suis prêt. »*

5. *Relevez dans le discours de l'huissier des expressions inattendues en de telles circonstances. Comment caractériseriez-vous le ton de l'huissier ?*

XXII

De la Conciergerie.

Me voici *transféré*, comme dit le procès-verbal.

Mais le voyage vaut la peine d'être conté.

Sept heures et demie sonnaient lorsque l'huissier
5 s'est présenté de nouveau au seuil de mon cachot. –
Monsieur, m'a-t-il dit, je vous attends. – Hélas ! lui et
d'autres !

Je me suis levé, j'ai fait un pas ; il m'a semblé que je
n'en pourrais faire un second, tant ma tête était lourde
10 et mes jambes faibles. Cependant je me suis remis et
j'ai continué d'une allure assez ferme. Avant de sortir
du cabanon, j'y ai promené un dernier coup d'œil. – Je
l'aimais, mon cachot. – Puis, je l'ai laissé vide et
ouvert ; ce qui donne à un cachot un air singulier.

15 Au reste, il ne le sera pas longtemps. Ce soir on y
attend quelqu'un, disaient les porte-clefs, un condamné
que la cour d'assises est en train de faire à l'heure qu'il
est.

Au détour du corridor, l'aumônier nous a rejoints. Il
20 venait de déjeuner.

Au sortir de la geôle, le directeur m'a pris affectueuse-
ment la main, et a renforcé mon escorte de quatre
vétérans.

Devant la porte de l'infirmerie, un vieillard mori-
25 bond m'a crié : Au revoir !

Nous sommes arrivés dans la cour. J'ai respiré ; cela
m'a fait du bien.

Nous n'avons pas marché longtemps à l'air. Une voiture attelée de chevaux de poste stationnait dans la
30 première cour ; c'est la même voiture qui m'avait
amené ; une espèce de cabriolet oblong, divisé en deux
sections par une grille transversale de fil de fer si
épaisse qu'on la dirait tricotée. Les deux sections ont
chacune une porte, l'une devant, l'autre derrière la
35 carriole. Le tout si sale, si noir, si poudreux, que le

corbillard des pauvres[1] est un carrosse du sacre en comparaison.

Avant de m'ensevelir dans cette tombe à deux roues, j'ai jeté un regard dans la cour, un de ces regards déses-
45 pérés devant lesquels il semble que les murs devraient crouler. La cour, espèce de petite place plantée d'arbres, était plus encombrée encore de spectateurs que pour les galériens. Déjà la foule !

Comme le jour du départ de la chaîne, il tombait une
45 pluie de la saison, une pluie fine et glacée qui tombe encore à l'heure où j'écris, qui tombera sans doute toute la journée, qui durera plus que moi.

Les chemins étaient effondrés, la cour pleine de fange et d'eau. J'ai eu plaisir à voir cette foule dans cette boue.
50 Nous sommes montés, l'huissier et un gendarme, dans le compartiment de devant ; le prêtre, moi et un gendarme dans l'autre. Quatre gendarmes à cheval autour de la voiture. Ainsi, sans le postillon, huit hommes pour un homme.
55 Pendant que je montais, il y avait une vieille aux yeux gris qui disait : – J'aime encore mieux cela que la chaîne.

Je conçois. C'est un spectacle qu'on embrasse plus aisément d'un coup d'œil, c'est plus tôt vu. C'est tout aussi beau et plus commode. Rien ne vous distrait. Il n'y
60 a qu'un homme, et sur cet homme seul autant de misère que sur tous les forçats à la fois. Seulement cela est moins éparpillé ; c'est une liqueur concentrée, bien plus savoureuse.

La voiture s'est ébranlée. Elle a fait un bruit sourd en
65 passant sous la voûte de la grande porte, puis a débouché dans l'avenue, et les lourds battants de Bicêtre• se sont refermés derrière elle. Je me sentais emporter avec stupeur, comme un homme tombé en léthargie qui ne peut ni remuer ni crier et qui entend qu'on l'enterre.

---

1. *le corbillard des pauvres* : il s'agit de la charrette dans laquelle on transportait jusqu'au cimetière les morts des familles qui n'avaient pas les moyens de payer les funérailles.

70 J'écoutais vaguement les paquets de sonnettes pendus au cou des chevaux de poste sonner en cadence et comme par hoquets, les roues ferrées bruire sur le pavé ou cogner la caisse en changeant d'ornière, le galop sonore des gendarmes autour de la carriole, le fouet
75 claquant du postillon. Tout cela me semblait comme un tourbillon qui m'emportait.

À travers le grillage d'un judas• percé en face de moi, mes yeux s'étaient fixés machinalement sur l'inscription gravée en grosses lettres au-dessus de la grande porte de
80 Bicêtre• : Hospice de la Vieillesse.

– Tiens, me disais-je, il paraît qu'il y a des gens qui vieillissent, là.

Et, comme on fait entre la veille et le sommeil, je retournais cette idée en tous sens dans mon esprit
85 engourdi de douleur. Tout à coup la carriole, en passant de l'avenue dans la grande route, a changé le point de vue de la lucarne. Les tours de Notre-Dame sont venues s'y encadrer, bleues et à demi effacées dans la brume de Paris. Sur-le-champ le point de vue de mon esprit a
90 changé aussi. J'étais devenu machine comme la voiture. À l'idée de Bicêtre a succédé l'idée des tours de Notre-Dame. – Ceux qui seront sur la tour où est le drapeau verront bien, me suis-je dit en souriant stupidement.

Je crois que c'est à ce moment-là que le prêtre s'est
95 remis à me parler. Je l'ai laissé dire patiemment. J'avais déjà dans l'oreille le bruit des roues, le galop des chevaux, le fouet du postillon. C'était un bruit de plus.

J'écoutais en silence cette chute de paroles monotones qui assoupissaient ma pensée comme le mur-
100 mure d'une fontaine, et qui passaient devant moi, toujours diverses et toujours les mêmes, comme les ormeaux tortus[1] de la grande route, lorsque la voix brève et saccadée de l'huissier, placé sur le devant, est venue subitement me secouer.

---

1. *tortus* : tordus (*cf.* « tortueux »).

105 — Eh bien! monsieur l'abbé, disait-il avec un accent presque gai, qu'est-ce que vous savez de nouveau?

C'est vers le prêtre qu'il se retournait en parlant ainsi.

L'aumônier•, qui me parlait sans relâche, et que la voiture assourdissait, n'a pas répondu.

110 — Hé! hé! a repris l'huissier en haussant la voix pour avoir le dessus sur le bruit des roues; infernale voiture!

Infernale! En effet.

Il a continué :

— Sans doute, c'est le cahot; on ne s'entend pas.

115 Qu'est-ce que je voulais donc dire? Faites-moi le plaisir de m'apprendre ce que je voulais dire, monsieur l'abbé? – Ah! savez-vous la grande nouvelle de Paris, aujourd'hui?

J'ai tressailli, comme s'il parlait de moi.

120 — Non, a dit le prêtre, qui avait enfin entendu, je n'ai pas eu le temps de lire les journaux ce matin. Je verrai cela ce soir. Quand je suis occupé comme cela toute la journée, je recommande au portier de me garder mes journaux, et je les lis en rentrant.

125 — Bah! a repris l'huissier, il est impossible que vous ne sachiez pas cela. La nouvelle de Paris! la nouvelle de ce matin!

J'ai pris la parole : – Je crois la savoir.

L'huissier m'a regardé.

130 — Vous! vraiment! En ce cas, qu'en dites-vous?

— Vous êtes curieux! lui ai-je dit.

— Pourquoi, monsieur? a répliqué l'huissier. Chacun a son opinion politique. Je vous estime trop pour croire que vous n'avez pas la vôtre. Quant à moi, je

135 suis tout à fait d'avis du rétablissement de la garde nationale[1]. J'étais sergent de ma compagnie, et, ma foi, c'était fort agréable.

---

1. *garde nationale* : milice de bourgeois armés chargée de protéger Paris en cas de guerre ou d'insurrection, en supplément de l'armée régulière. Tout citoyen de vingt à soixante ans, pourvu qu'il soit imposé ou fils d'imposé, était incorporé d'office dans cette milice citoyenne.

Je l'ai interrompu.

– Je ne croyais pas que ce fût de cela qu'il s'agissait.

140 – Et de quoi donc? vous disiez savoir la nouvelle...

– Je parlais d'une autre, dont Paris s'occupe aussi aujourd'hui.

L'imbécile n'a pas compris; sa curiosité s'est éveillée.

– Une autre nouvelle? Où diable avez-vous pu
145 apprendre des nouvelles? Laquelle, de grâce, mon cher monsieur? Savez-vous ce que c'est, monsieur l'abbé? êtes-vous plus au courant que moi? Mettez-moi au fait, je vous prie. De quoi s'agit-il? – Voyez-vous, j'aime les nouvelles. Je les conte à monsieur le président, et cela
150 l'amuse.

Et mille billevesées[1]. Il se tournait tour à tour vers le prêtre et vers moi, et je ne répondais qu'en haussant les épaules.

– Eh bien! m'a-t-il dit, à quoi pensez-vous donc?

155 – Je pense, ai-je répondu, que je ne penserai plus ce soir.

– Ah! c'est cela! a-t-il répliqué. Allons, vous êtes trop triste! M. Castaing• causait.

Puis, après un silence:

160 – J'ai conduit M. Papavoine•; il avait sa casquette de loutre et fumait son cigare. Quant aux jeunes gens de La Rochelle, ils ne parlaient qu'entre eux. Mais ils parlaient.

Il a fait encore une pause, et a poursuivi:

165 – Des fous! des enthousiastes! Ils avaient l'air de mépriser tout le monde. Pour ce qui est de vous, je vous trouve vraiment bien pensif, jeune homme.

– Jeune homme! lui ai-je dit, je suis plus vieux que vous; chaque quart d'heure qui s'écoule me vieillit
170 d'une année.

Il s'est retourné, m'a regardé quelques minutes avec un étonnement inepte, puis s'est mis à ricaner lourdement.

_____

1. *billevesées* : paroles vaines, frivoles, sans rapport avec la réalité.

— Allons, vous voulez rire, plus vieux que moi ! je serais votre grand-père.

175 — Je ne veux pas rire, lui ai-je répondu gravement.

Il a ouvert sa tabatière.

— Tenez, cher monsieur, ne vous fâchez pas ; une prise de tabac, et ne me gardez pas rancune.

— N'ayez pas peur ; je n'aurai pas longtemps à vous 180 la garder.

En ce moment sa tabatière, qu'il me tendait, a rencontré le grillage qui nous séparait. Un cahot a fait qu'elle l'a heurté assez violemment et est tombée toute ouverte sous les pieds du gendarme.

185 — Maudit grillage ! s'est écrié l'huissier.

Il s'est tourné vers moi.

— Eh bien ! ne suis-je pas malheureux ? tout mon tabac est perdu !

— Je perds plus que vous, ai-je répondu en souriant.

190 Il a essayé de ramasser son tabac, en grommelant entre ses dents :

— Plus que moi ! cela est facile à dire. Pas de tabac jusqu'à Paris ! c'est terrible !

L'aumônier• alors lui a adressé quelques paroles de 195 consolation, et je ne sais si j'étais préoccupé, mais il m'a semblé que c'était la suite de l'exhortation dont j'avais eu le commencement. Peu à peu la conversation s'est engagée entre le prêtre et l'huissier ; je les ai laissés parler de leur côté, et je me suis mis à penser du mien.

200 En abordant la barrière, j'étais toujours préoccupé sans doute, mais Paris m'a paru faire un plus grand bruit qu'à l'ordinaire.

La voiture s'est arrêtée un moment devant l'octroi[1]. Les douaniers de ville l'ont inspectée. Si c'eût été un 205 mouton ou un bœuf qu'on eût mené à la boucherie, il aurait fallu leur jeter une bourse d'argent ; mais une tête humaine ne paie pas de droit. Nous avons passé.

---

1. *octroi* : bâtiment où se payaient les taxes sur certaines denrées à leur entrée en ville.

Le boulevard franchi, la carriole s'est enfoncée au grand trot dans ces vieilles rues tortueuses du faubourg Saint-Marceau et de la Cité, qui serpentent et s'entre-coupent comme les mille chemins d'une fourmilière. Sur le pavé de ces rues étroites le roulement de la voiture est devenu si bruyant et si rapide, que je n'entendais plus rien du bruit extérieur. Quand je jetais les yeux par la petite lucarne carrée, il me semblait que le flot des passants s'arrêtait pour regarder la voiture, et que des bandes d'enfants couraient sur sa trace. Il m'a semblé aussi voir de temps en temps dans les carrefours çà et là un homme ou une vieille en haillons, quelquefois les deux ensemble, tenant en main une liasse de feuilles imprimées[1] que les passants se disputaient, en ouvrant la bouche comme pour un grand cri.

Huit heures et demie sonnaient à l'horloge du Palais au moment où nous sommes arrivés dans la cour de la Conciergerie•. La vue de ce grand escalier, de cette noire chapelle, de ces guichets sinistres, m'a glacé. Quand la voiture s'est arrêtée, j'ai cru que les battements de mon cœur allaient s'arrêter aussi.

J'ai recueilli mes forces ; la porte s'est ouverte avec la rapidité de l'éclair ; j'ai sauté à bas du cachot roulant, et je me suis enfoncé à grands pas sous la voûte entre deux haies de soldats. Il s'était déjà formé une foule sur mon passage.

---

1. *feuilles imprimées* : il s'agit des feuilles annonçant l'exécution du jour.

Questions

Compréhension

1. *Que reproche le condamné à l'huissier? Et à l'aumônier?*

Écriture

2. *Commentez cette expression du condamné : «Je l'aimais, mon cachot. »*

3. *Relevez dans le texte les multiples apparitions de la métaphore filée de la carriole-tombeau.*

4. *Relevez, dans l'ensemble du chapitre XXII, les observations les plus ironiques du condamné et expliquez-les.*

5. *Indiquez comment fonctionne le décalage entre les paroles de l'huissier et celles du condamné. Qui paraît supérieur aux yeux du lecteur?*

Recherche

6. *Dans le dernier chapitre du* Colonel Chabert, *Balzac met en scène Bicêtre. Relevez dans ce texte, postérieur au Dernier Jour d'un condamné, les indices de la double fonction de Bicêtre : hospice de vieillesse et dernière demeure des condamnés à mort.*

7. *D'illustres prisonniers ont fait un séjour à la Conciergerie. Faites une recherche sur leur identité, sur les raisons et les conditions de leur détention.*

XXIII

Tant que j'ai marché dans les galeries publiques du Palais de Justice, je me suis senti presque libre et à l'aise ; mais toute ma résolution m'a abandonné quand on a ouvert devant moi des portes basses, des escaliers
5 secrets, des couloirs intérieurs, de longs corridors étouffés et sourds, où il n'entre que ceux qui condamnent ou ceux qui sont condamnés.

L'huissier m'accompagnait toujours. Le prêtre m'avait quitté pour revenir dans deux heures : il avait
10 ses affaires.

On m'a conduit au cabinet du directeur, entre les mains duquel l'huissier m'a remis. C'était un échange. Le directeur l'a prié d'attendre un instant, lui annonçant qu'il allait avoir du gibier à lui remettre, afin qu'il
15 le conduisît sur-le-champ à Bicêtre• par le retour de la carriole. Sans doute le condamné d'aujourd'hui, celui qui doit coucher ce soir sur la botte de paille que je n'ai pas eu le temps d'user.

— C'est bon, a dit l'huissier au directeur, je vais
20 attendre un moment ; nous ferons les deux procès-verbaux à la fois, cela s'arrange bien.

En attendant, on m'a déposé dans un petit cabinet attenant à celui du directeur. Là, on m'a laissé seul, bien verrouillé.

25 Je ne sais à quoi je pensais, ni depuis combien de temps j'étais là, quand un brusque et violent éclat de rire à mon oreille m'a réveillé de ma rêverie.

J'ai levé les yeux en tressaillant. Je n'étais plus seul dans la cellule. Un homme s'y trouvait avec moi, un
30 homme d'environ cinquante-cinq ans, de moyenne taille ; ridé, voûté, grisonnant ; à membres trapus ; avec un regard louche dans des yeux gris, un rire amer sur le visage ; sale, en guenilles, demi-nu, repoussant à voir.

35 Il paraît que la porte s'était ouverte, l'avait vomi,

puis s'était refermée sans que je m'en fusse aperçu. Si la mort pouvait venir ainsi!

Nous nous sommes regardés quelques secondes fixement, l'homme et moi; lui, prolongeant son rire qui
40 ressemblait à un râle; moi, demi-étonné, demi-effrayé.

– Qui êtes-vous? lui ai-je dit enfin.

– Drôle de demande! a-t-il répondu. Un friauche[1].

– Un friauche! Qu'est-ce que cela veut dire?

Cette question a redoublé sa gaieté.

45 – Cela veut dire, s'est-il écrié au milieu d'un éclat de rire, que le taule jouera au panier avec ma sorbonne dans six semaines, comme il va faire avec ta tronche dans six heures. – Ha! ha! il paraît que tu comprends maintenant.

50 En effet, j'étais pâle, et mes cheveux se dressaient. C'était l'autre condamné, le condamné du jour, celui qu'on attendait à Bicêtre•, mon héritier.

Il a continué:

– Que veux-tu? voilà mon histoire à moi. Je suis fils
55 d'un bon peigre[2]; c'est dommage que Charlot[(a)] ait pris la peine un jour de lui attacher sa cravate. C'était quand régnait la potence, par la grâce de Dieu. À six ans, je n'avais plus ni père ni mère; l'été, je faisais la roue dans la poussière au bord des routes, pour qu'on
60 me jetât un sou par la portière des chaises de poste; l'hiver, j'allais pieds nus dans la boue en soufflant dans mes doigts tout rouges; on voyait mes cuisses à travers mon pantalon. À neuf ans, j'ai commencé à me servir de mes louches[(b)], de temps en temps je vidais une
65 fouillouse[(c)], je filais une pelure[(d)]; à dix ans, j'étais un marlou[(e)]. Puis j'ai fait des connaissances; à dix-

---

1. *friauche*: un condamné à mort en argot.
2. *peigre*: voleur en argot.
(a) Le bourreau. [NB: les notes appelées par une lettre entre parenthèses sont de V. Hugo.]
(b) Mes mains.
(c) Une poche.
(d) Je volais un manteau.
(e) Un filou.

sept, j'étais un grinche [(f)]. Je forçais une boutanche, je faussais une tournante [(g)]. On m'a pris. J'avais l'âge, on m'a envoyé ramer dans la petite marine [(h)]. Le bagne,
70 c'est dur ; coucher sur une planche, boire de l'eau claire, manger du pain noir, traîner un imbécile de boulet qui ne sert à rien ; des coups de bâton et des coups de soleil. Avec cela on est tondu, et moi qui avais de beaux cheveux châtains ! N'importe !... j'ai fait
75 mon temps. Quinze ans, cela s'arrache ! J'avais trente-deux ans. Un beau matin on me donna une feuille de route et soixante-six francs que je m'étais amassés dans mes quinze ans de galères, en travaillant seize heures par jour, trente jours par mois, et douze mois par
80 année. C'est égal, je voulais être honnête homme avec mes soixante-six francs, et j'avais de plus beaux sentiments sous mes guenilles qu'il n'y en a sous une serpillière de ratichon [(i)]. Mais que les diables soient avec le passeport ! il était jaune, et on avait écrit dessus forçat
85 libéré. Il fallait montrer cela partout où je passais et le présenter tous les huit jours au maire du village où l'on me forçait de tapiquer [(j)]. La belle recommandation ! un galérien ! Je faisais peur, et les petits enfants se sauvaient, et l'on fermait les portes. Personne ne voulait
90 me donner d'ouvrage. Je mangeai mes soixante-six francs. Et puis, il fallut vivre. Je montrai mes bras bons au travail, on ferma les portes. J'offris ma journée pour quinze sous, pour dix sous, pour cinq sous. Point. Que faire ? Un jour, j'avais faim. Je donnai un coup de
95 coude dans le carreau d'un boulanger ; j'empoignai un pain, et le boulanger m'empoigna ; je ne mangeai pas le pain, et j'eus les galères à perpétuité, avec trois lettres de feu sur l'épaule. — Je te montrerai, si tu veux. — On

---

(f)   Un voleur.
(g)   Je forçais une boutique, je faussais une clef.
(h)   Aux galères.
(i)   Une soutane d'abbé.
(j)   Habiter.

appelle cette justice-là la récidive•. Me voilà donc che-
100 val de retour^(k). On me remit à Toulon•; cette fois avec
les bonnets verts^(l). Il fallait m'évader. Pour cela, je
n'avais que trois murs à percer, deux chaînes à couper,
et j'avais un clou. Je m'évadai. On tira le canon
d'alerte; car, nous autres, nous sommes, comme les
105 cardinaux de Rome, habillés de rouge, et on tire le
canon quand nous partons. Leur poudre alla aux moi-
neaux. Cette fois, pas de passeport jaune, mais pas
d'argent non plus. Je rencontrai des camarades qui
avaient aussi fait leur temps ou cassé leur ficelle. Leur
110 coire^(m) me proposa d'être des leurs, on faisait la
grande soulasse sur le trimar⁽ⁿ⁾. J'acceptai, et je me mis
à tuer pour vivre. C'était tantôt une diligence, tantôt
une chaise de poste, tantôt un marchand de bœufs à
cheval. On prenait l'argent, on laissait aller au hasard la
115 bête ou la voiture, et l'on enterrait l'homme sous un
arbre, en ayant soin que les pieds ne sortissent pas; et
puis on dansait sur la fosse, pour que la terre ne parût
pas fraîchement remuée. J'ai vieilli comme cela, gîtant
dans les broussailles, dormant aux belles étoiles, traqué
120 de bois en bois, mais du moins libre et à moi. Tout a
une fin, et autant celle-là qu'une autre. Les marchands
de lacets^(o), une belle nuit, nous ont pris au collet•.
Mes fanandels^(p) se sont sauvés; mais moi, le plus
vieux, je suis resté sous la griffe de ces chats à cha-
125 peaux galonnés. On m'a amené ici. J'avais déjà passé
par tous les échelons de l'échelle, excepté un. Avoir
volé un mouchoir ou tué un homme, c'était tout un
pour moi désormais; il y avait encore une récidive
à m'appliquer. Je n'avais plus qu'à passer par le

(k)   Ramené au bagne.
(l)   Les condamnés à perpétuité.
(m)   Leur chef.
(n)   On assassinait sur les grands chemins.
(o)   Les gendarmes.
(p)   Camarades.

130 faucheur [q]. Mon affaire a été courte. Ma foi, je commençais à vieillir et à n'être plus bon à rien. Mon père a épousé la veuve [r], moi je me retire à l'abbaye de Mont'-à-Regret [s]. – Voilà, camarade.

J'étais resté stupide en l'écoutant. Il s'est remis à rire
135 plus haut encore qu'en commençant, et a voulu me prendre la main. J'ai reculé avec horreur.

– L'ami, m'a-t-il dit, tu n'as pas l'air brave. Ne va pas faire le sinvre devant la carline [t]. Vois-tu, il y a un mauvais moment à passer sur la placarde [u]; mais cela
140 est sitôt fait! Je voudrais être là pour te montrer la culbute. Mille dieux! j'ai envie de ne pas me pourvoir, si l'on veut me faucher aujourd'hui avec toi. Le même prêtre nous servira à tous deux; ça m'est égal d'avoir tes restes. Tu vois que je suis un bon garçon. Hein! dis,
145 veux-tu? d'amitié!

Il a encore fait un pas pour s'approcher de moi.

– Monsieur, lui ai-je répondu en le repoussant, je vous remercie.

Nouveaux éclats de rire à ma réponse.

150 – Ah! ah! monsieur, vousailles êtes un marquis! c'est un marquis!

Je l'ai interrompu :

– Mon ami, j'ai besoin de me recueillir, laissez-moi.

La gravité de ma parole l'a rendu pensif tout à coup.
155 Il a remué sa tête grise et presque chauve; puis, creusant avec ses ongles sa poitrine velue, qui s'offrait nue sous sa chemise ouverte :

– Je comprends, a-t-il murmuré entre ses dents; au fait, le sanglier [w]!...

160 Puis, après quelques minutes de silence :

(q) Le bourreau.
(r) A été pendu.
(s) La guillotine.
(t) Le poltron devant la mort.
(u) Place de Grève.
(v) Vous.
(w) Le prêtre.

– Tenez, m'a-t-il dit presque timidement, vous êtes un marquis, c'est fort bien ; mais vous avez là une belle redingote• qui ne vous servira plus à grand'chose ! le taule la prendra. Donnez-la-moi, je la vendrai pour
165 avoir du tabac.

J'ai ôté ma redingote et je la lui ai donnée. Il s'est mis à battre des mains avec une joie d'enfant. Puis, voyant que j'étais en chemise et que je grelottais :

– Vous avez froid, monsieur, mettez ceci ; il pleut, et
170 vous seriez mouillé ; et puis il faut être décemment sur la charrette.

En parlant ainsi, il ôtait sa grosse veste de laine grise et la passait dans mes bras. Je le laissais faire.

Alors j'ai été m'appuyer contre le mur, et je ne sau-
175 rais dire quel effet me faisait cet homme. Il s'était mis à examiner la redingote que je lui avais donnée, et poussait à chaque instant des cris de joie.

– Les poches sont toutes neuves ! le collet• n'est pas usé ! – j'en aurai au moins quinze francs. – Quel bon-
180 heur ! du tabac pour mes six semaines !

La porte s'est rouverte. On venait nous chercher tous deux ; moi, pour me conduire à la chambre où les condamnés attendent l'heure ; lui, pour le mener à Bicêtre•. Il s'est placé en riant au milieu du piquet• qui
185 devait l'emmener, et il disait aux gendarmes :

– Ah çà ! ne vous trompez pas ; nous avons changé de pelure, monsieur et moi ; mais ne me prenez pas à sa place. Diable ! cela ne m'arrangerait pas, maintenant que j'ai de quoi avoir du tabac !

---

1. *le taule* : le gardien en argot.
2. *quinze francs* : le salaire d'un ouvrier allait à l'époque de un à cinq francs par jour.

Questions

Compréhension

1. *Que signifient, concrètement, ces expressions du friauche :* « ramer dans la petite marine » ; « trois lettres de feu sur l'épaule » ; « casser sa ficelle » ?

2. *Relevez dans le récit du galérien ce que l'on appellerait aujourd'hui des « circonstances atténuantes ». Quelle est, selon vous, la responsabilité de la société dans la transformation de ce vaurien en assassin ?*

3. *Relevez dans ce chapitre tous les indices qui manifestent la différence profonde entre le narrateur et le bagnard. De quelle nature est cette différence ?*

4. *Que signifie le don de la redingote ? Est-ce un geste de pure générosité, comparable à celui de saint Martin ? Pour vérifier la validité de votre réponse, lisez ensuite le chapitre XXIV.*

5. *Montrez que, dans ce dernier chapitre, tous les interlocuteurs du condamné – l'huissier, le directeur et le galérien – sont obsédés par les détails matériels.*

Écriture

6. *Pourquoi le condamné appelle-t-il l'individu de la Conciergerie son « héritier » ?*

7. *Relevez et expliquez les expressions métaphoriques dans le discours du forçat.*

8. *En quoi cet épisode – comme celui du ferrement des forçats, ou comme celui de la chanson – est-il différent des autres chapitres du récit ? Comment s'appelle ce procédé ?*

9. *Relevez le vocabulaire argotique dans les propos du forçat. Réécrivez ensuite ses répliques dans un langage soutenu, celui qu'aurait pu employer le condamné, par exemple.*

Recherche

10. *Comparez – vol de pain compris – le destin de ce forçat à celui de Jean Valjean dans* Les Misérables.

Bilan

L'action

• Ce que nous savons

– Le rythme de l'action s'accélère. Le condamné rencontre le prêtre qui va l'assister durant ses derniers instants et l'accompagner lors de son transfert vers la Conciergerie. Son arrêt de mort lui est lu. Le transfert vers la Conciergerie révèle la tension montante du condamné qui n'hésite pourtant pas à ironiser à propos de sa propre situation.

– Dans son cachot de la Conciergerie, le narrateur rencontre un autre condamné à mort en partance pour Bicêtre. Après le récit édifiant de sa vie, ce forçat arrache par intimidation la redingote du narrateur.

• À quoi nous attendre?

– Le lecteur ne peut plus douter, à ce moment du récit, que le rythme suivi par la narration est inéluctable. Il n'y aura pour le condamné ni grâce ni évasion. Le lecteur est donc mis dans une position de voyeur.

– Différents sentiments peuvent alors se succéder : une curiosité morbide pour les étapes qui mènent à l'échafaud, une pitié profonde pour le prisonnier, une sorte de révolte contre ce procédé de narration qui pourrait amener le lecteur à refuser d'accompagner plus longtemps dans l'insoutenable Victor Hugo et son condamné.

Le personnage

• Ce que nous savons

– L'évolution psychologique du personnage est nette. Son amertume et son désespoir transparaissent de plus en plus. Obsédé par son sort, il ne conçoit plus que d'autres nouvelles intéressent les hommes. Égocentrique, ironique, il laisse percevoir sa profonde misanthropie à travers un humour grinçant, souvent incompris de ses interlocuteurs.

– Le condamné se caractérise également par une certaine lâcheté, notamment devant le friauche. Le personnage n'a pas été conçu par Victor Hugo comme un héros au caractère exemplaire. Il partage les craintes du commun des mortels. Le lecteur est ainsi plus à même de partager son effroi.

– *La rencontre avec le friauche est d'ailleurs édifiante. Il représente le contrepoint du condamné. Son histoire nous est connue dans le détail. L'injustice des enchaînements qui le conduisent à la potence ne peut que constituer un argument supplémentaire contre la peine de mort. Orphelin, il devient voleur par nécessité, est arrêté une première fois, libéré après avoir purgé sa peine, puis renvoyé aux galères pour le simple vol d'un pain.*

L'écriture

• Ce que nous savons

– *Malgré l'angoisse grandissante, petit à petit, le condamné dévoile des capacités d'ironie, de mise à distance, qui n'étaient pas apparues pleinement jusque-là. Le texte, grâce à cette écriture, frôle souvent l'humour noir («* Devant la porte de l'infirmerie, un vieillard moribond m'a crié : Au revoir *»).*

– *Par ailleurs, Victor Hugo est un véritable précurseur dans l'utilisation de l'argot des prisons. Le récit du forçat constitue un morceau de bravoure qui sera repris par Honoré de Balzac dans* Splendeurs et Misères des courtisanes *et par Eugène Sue dans* Les Mystères de Paris.

XXIV

Ce vieux scélérat, il m'a pris ma redingote•, car je ne
la lui ai pas donnée, et puis il m'a laissé cette guenille,
sa veste infâme. De qui vais-je avoir l'air?

Je ne lui ai pas laissé prendre ma redingote par
5 insouciance ou par charité. Non; mais parce qu'il était
plus fort que moi. Si j'avais refusé, il m'aurait battu
avec ses gros poings.

Ah bien oui, charité! j'étais plein de mauvais sentiments. J'aurais voulu pouvoir l'étrangler de mes mains,
10 le vieux voleur! pouvoir le piler sous mes pieds!

Je me sens le cœur plein de rage et d'amertume. Je
crois que la poche au fiel a crevé. La mort rend
méchant.

XXV

Ils m'ont amené dans une cellule où il n'y a que les
quatre murs, avec beaucoup de barreaux à la fenêtre et
beaucoup de verrous à la porte, cela va sans dire.

J'ai demandé une table, une chaise, et ce qu'il faut
pour écrire. On m'a apporté tout cela.
5 Puis j'ai demandé un lit. Le guichetier m'a regardé
de ce regard étonné qui semble dire : – À quoi bon?

Cependant ils ont dressé un lit de sangle dans le
coin. Mais en même temps un gendarme est venu s'ins-
taller dans ce qu'ils appellent *ma chambre*. Est-ce qu'ils
10 ont peur que je ne m'étrangle avec le matelas?

XXVI

Il est dix heures.

Ô ma pauvre petite fille! encore six heures, et je
serai mort! je serai quelque chose d'immonde qui

traînera sur la table froide des amphithéâtres ; une tête
qu'on moulera d'un côté, un tronc qu'on disséquera de
5 l'autre ; puis de ce qui restera, on en mettra plein une
bière[1], et le tout ira à Clamart*.

Voilà ce qu'ils vont faire de ton père, ces hommes
dont aucun ne me hait, qui tous me plaignent et tous
pourraient me sauver. Ils vont me tuer. Comprends-tu
10 cela ? Marie ? me tuer de sang-froid, en cérémonie,
pour le bien de la chose ! Ah ! grand Dieu !

Pauvre petite ! ton père qui t'aimait tant, ton père
qui baisait ton petit cou blanc et parfumé, qui passait
la main sans cesse dans les boucles de tes cheveux
15 comme sur de la soie, qui prenait ton joli visage rond
dans sa main, qui te faisait sauter sur ses genoux, et le
soir joignait tes deux petites mains pour prier Dieu !

Qui est-ce qui te fera tout cela maintenant ? Qui
est-ce qui t'aimera ? Tous les enfants de ton âge auront
20 des pères, excepté toi. Comment te déshabitueras-tu,
mon enfant, du jour de l'an, des étrennes, des beaux
joujoux, des bonbons et des baisers ? – Comment te
déshabitueras-tu, malheureuse orpheline, de boire et
de manger ?

25 Oh ! si ces jurés l'avaient vue, au moins, ma jolie
petite Marie ! ils auraient compris qu'il ne faut pas tuer
le père d'un enfant de trois ans.

Et quand elle sera grande, si elle va jusque-là, que
deviendra-t-elle ? Son père sera un des souvenirs du
30 peuple de Paris. Elle rougira de moi et de mon nom ;
elle sera méprisée, repoussée, vile à cause de moi, de
moi qui l'aime de toutes les tendresses de mon cœur.
O ma petite Marie bien-aimée ! Est-il bien vrai que tu
auras honte et horreur de moi ?

35 Misérable ! quel crime j'ai commis, et quel crime je
fais commettre à la société !

Oh ! est-il bien vrai que je vais mourir avant la fin

---

1. *bière* : cercueil.

du jour? Est-il bien vrai que c'est moi? Ce bruit sourd
de cris que j'entends au-dehors, ce flot de peuple
40 joyeux qui déjà se hâte sur les quais, ces gendarmes
qui s'apprêtent dans leurs casernes, ce prêtre en robe
noire, cet autre homme aux mains rouges, c'est pour
moi! c'est moi qui vais mourir! moi, le même qui est
ici, qui vit, qui se meut, qui respire, qui est assis à
45 cette table, laquelle ressemble à une autre table, et
pourrait aussi bien être ailleurs; moi, enfin, ce moi que
je touche et que je sens, et dont le vêtement fait les plis
que voilà!

XXVII

Encore si je savais comment cela est fait, et de quelle
façon on meurt là-dessus! mais c'est horrible, je ne le
sais pas.

Le nom de la chose est effroyable, et je ne
5 comprends point comment j'ai pu jusqu'à présent
l'écrire et le prononcer.

La combinaison de ces dix lettres, leur aspect, leur
physionomie est bien faite pour réveiller une idée
épouvantable, et le médecin de malheur qui a inventé
10 la chose avait un nom prédestiné.

L'image que j'y attache, à ce mot hideux, est vague,
indéterminée, et d'autant plus sinistre. Chaque syllabe
est comme une pièce de la machine. J'en construis et
j'en démolis sans cesse dans mon esprit la monstrueuse
15 charpente.

Je n'ose faire une question là-dessus, mais il est
affreux de ne savoir ce que c'est, ni comment s'y
prendre. Il paraît qu'il y a une bascule et qu'on vous
couche sur le ventre... – Ah! mes cheveux blanchiront
20 avant que ma tête ne tombe!

XXVIII

Je l'ai cependant entrevue une fois.

Je passais sur la place de Grève*, en voiture, un jour, vers onze heures du matin. Tout à coup la voiture s'arrêta.

Il y avait foule sur la place. Je mis la tête à la portière. Une populace encombrait la Grève et le quai, et des femmes, des hommes, des enfants étaient debout sur le parapet. Au-dessus des têtes, on voyait une espèce d'estrade en bois rouge que trois hommes échafaudaient.

Un condamné devait être exécuté le jour même, et l'on bâtissait la machine.

Je détournai la tête avant d'avoir vu. À côté de la voiture, il y avait une femme qui disait à un enfant :

– Tiens, regarde ! le couteau coule mal, ils vont graisser la rainure avec un bout de chandelle.

C'est probablement là qu'ils en sont aujourd'hui. Onze heures viennent de sonner. Ils graissent sans doute la rainure.

Ah ! cette fois, malheureux, je ne détournerai pas la tête.

XXIX

Ô ma grâce ! ma grâce ! on me fera peut-être grâce. Le roi ne m'en veut pas. Qu'on aille chercher mon avocat ! vite l'avocat ! Je veux bien des galères. Cinq ans de galères, et que tout soit dit, – ou vingt ans, – ou à perpétuité avec le fer rouge. Mais grâce de la vie !

Un forçat, cela marche encore, cela va et vient, cela voit le soleil.

XXX

Le prêtre est revenu.

Il a des cheveux blancs, l'air très doux, une bonne et respectable figure ; c'est en effet un homme excellent et charitable. Ce matin, je l'ai vu vider sa bourse dans les mains des prisonniers. D'où vient que sa voix n'a rien qui émeuve et qui soit ému ? D'où vient qu'il ne m'a rien dit encore qui m'ait pris par l'intelligence ou par le cœur ?

Ce matin, j'étais égaré. J'ai à peine entendu ce qu'il m'a dit. Cependant ses paroles m'ont semblé inutiles, et je suis resté indifférent ; elles ont glissé comme cette pluie froide sur cette vitre glacée.

Cependant, quand il est rentré tout à l'heure près de moi, sa vue m'a fait du bien. C'est parmi tous ces hommes le seul qui soit encore homme pour moi, me suis-je dit. Et il m'a pris une ardente soif de bonnes et consolantes paroles.

Nous nous sommes assis, lui sur la chaise, moi sur le lit. Il m'a dit : – Mon fils... – Ce mot m'a ouvert le cœur. Il a continué :

– Mon fils, croyez-vous en Dieu ?

– Oui, mon père, lui ai-je répondu.

– Croyez-vous en la sainte église catholique, apostolique et romaine ?

– Volontiers, lui ai-je dit.

– Mon fils, a-t-il repris, vous avez l'air de douter.

Alors il s'est mis à parler. Il a parlé longtemps ; il a dit beaucoup de paroles ; puis, quand il a cru avoir fini, il s'est levé et m'a regardé pour la première fois depuis le commencement de son discours, en m'interrogeant :

– Eh bien ?

Je proteste que je l'avais écouté avec avidité d'abord, puis avec attention, puis avec dévouement.

Je me suis levé aussi.

– Monsieur, lui ai-je répondu, laissez-moi seul, je vous prie.

Il m'a demandé :

– Quand reviendrai-je ?

40 – Je vous le ferai savoir.

Alors il est sorti sans colère, mais en hochant la tête, comme se disant à lui-même :

– Un impie[1] !

Non, si bas que je sois tombé, je ne suis pas un
45 impie, et Dieu m'est témoin que je crois en lui. Mais que m'a-t-il dit, ce vieillard ? rien de senti, rien d'attendri, rien de pleuré, rien d'arraché de l'âme, rien qui vînt de son cœur pour aller au mien, rien qui fût de lui à moi. Au contraire, je ne sais quoi de vague, d'inac-
50 centué, d'applicable à tout et à tous ; emphatique où il eût été besoin de profondeur, plat où il eût fallu être simple ; une espèce de sermon sentimental et d'élégie• théologique[2]. Çà et là, une citation latine en latin. Saint Augustin, saint Grégoire, que sais-je ? Et puis, il avait
55 l'air de réciter une leçon déjà vingt fois récitée, de repasser un thème, oblitéré[3] dans sa mémoire à force d'être su. Pas un regard dans l'œil, pas un accent dans la voix, pas un geste dans les mains.

Et comment en serait-il autrement ? Ce prêtre est
60 l'aumônier• en titre de la prison. Son état est de consoler et d'exhorter, et il vit de cela. Les forçats, les patients sont du ressort de son éloquence. Il les confesse et les assiste, parce qu'il a sa place à faire. Il a vieilli à mener des hommes mourir. Depuis longtemps
65 il est habitué à ce qui fait frissonner les autres ; ses cheveux, bien poudrés à blanc, ne se dressent plus ; le bagne et l'échafaud sont de tous les jours pour lui. Il est blasé. Probablement il a son cahier ; telle page les

---

1. *Un impie* : une personne qui n'a pas de religion, qui méprise les croyances religieuses.
2. *théologique* : qui concerne les questions religieuses.
3. *oblitéré* : effacé.

84

galériens, telle page les condamnés à mort. On l'avertit
70 la veille qu'il y aura quelqu'un à consoler le lendemain
à telle heure ; il demande ce que c'est, galérien ou supplicié ? en relit la page ; et puis il vient. De cette façon,
il advient que ceux qui vont à Toulon• et ceux qui vont
à la Grève• sont un lieu commun pour lui, et qu'il est
75 un lieu commun pour eux.

Oh ! qu'on m'aille donc, au lieu de cela, chercher
quelque jeune vicaire [1], quelque vieux curé, au hasard,
dans la première paroisse venue ; qu'on le prenne au
coin de son feu, lisant son livre et ne s'attendant à rien,
80 et qu'on lui dise :

– Il y a un homme qui va mourir, et il faut que ce
soit vous qui le consoliez. Il faut que vous soyez là
quand on lui liera les mains, là quand on lui coupera
les cheveux ; que vous montiez dans sa charrette avec
85 votre crucifix pour lui cacher le bourreau ; que vous
soyez cahoté avec lui par le pavé jusqu'à la Grève ; que
vous traversiez avec lui l'horrible foule buveuse de
sang ; que vous l'embrassiez au pied de l'échafaud, et
que vous restiez jusqu'à ce que la tête soit ici et le
90 corps là.

Alors, qu'on me l'amène, tout palpitant, tout frissonnant de la tête aux pieds ; qu'on me jette entre ses bras,
à ses genoux ; et il pleurera, et nous pleurerons, et il
sera éloquent, et je serai consolé, et mon cœur se
95 dégonflera dans le sien, et il prendra mon âme, et je
prendrai son Dieu.

Mais ce bon vieillard, qu'est-il pour moi ? que suis-je
pour lui ? un individu de l'espèce malheureuse, une
ombre comme il en a déjà tant vu, une unité à ajouter
100 au chiffre des exécutions.

J'ai peut-être tort de le repousser ainsi ; c'est lui qui
est bon et moi qui suis mauvais. Hélas ! ce n'est pas ma

---

1. *vicaire* : celui qui est adjoint à un supérieur pour le remplacer en certaines
fonctions et, en particulier, l'ecclésiastique qui assiste un évêque ou un curé
dans ses fonctions.

faute. C'est mon souffle de condamné qui gâte et flétrit tout.

105   On vient de m'apporter de la nourriture ; ils ont cru que je devais avoir besoin. Une table délicate et recherchée, un poulet, il me semble, et autre chose encore. Eh bien ! j'ai essayé de manger ; mais, à la première bouchée, tout est tombé de ma bouche, tant cela m'a
110 paru amer et fétide !

XXXI

Il vient d'entrer un monsieur, le chapeau sur la tête, qui m'a à peine regardé, puis a ouvert un pied-de-roi[1] et s'est mis à mesurer de bas en haut les pierres du mur, parlant d'une voix très haute pour dire tantôt :
5 *C'est cela* ; tantôt : *Ce n'est pas cela.*

    J'ai demandé au gendarme qui c'était. Il paraît que c'est une espèce de sous-architecte employé à la prison.

    De son côté, sa curiosité s'est éveillée sur mon compte. Il a échangé quelques demi-mots avec le
10 porte-clefs qui l'accompagnait ; puis a fixé un instant les yeux sur moi, a secoué la tête d'un air insouciant, et s'est remis à parler à haute voix et à prendre des mesures.

    Sa besogne finie, il s'est approché de moi en me
15 disant avec sa voix éclatante :

    – Mon bon ami, dans six mois cette prison sera beaucoup mieux.

    Et son geste semblait ajouter :

    – Vous n'en jouirez pas, c'est dommage.

20   Il souriait presque. J'ai cru voir le moment où il allait me railler doucement, comme on plaisante une jeune mariée le soir de ses noces.

---

1. *pied-de-roi* : sorte de règle pliante graduée servant à prendre des mesures en pieds, en pouces et en lignes.

CHAPITRE XXXI

Mon gendarme, vieux soldat à chevrons[1], s'est chargé de la réponse.

25   – Monsieur, lui a-t-il dit, on ne parle pas si haut dans la chambre d'un mort.

L'architecte s'en est allé.

Moi, j'étais là, comme une des pierres qu'il mesurait.

---

1.   *chevrons* : galons en forme de V que les soldats portaient au bras gauche de leur uniforme pour marquer leur temps de service.

Questions

Compréhension

1. *Quel interlocuteur se choisit le prisonnier dans le chapitre XXVI? Relevez dans le texte tous les signes qui confortent votre réponse.*

2. *Expliquez cette expression extraite du chapitre XXVI : « cet autre homme aux mains rouges».*

3. *Quel nouvel argument contre la peine de mort le personnage de la petite fille permet-il de développer?*

4. *Dans le chapitre XXVII, le narrateur décrit un objet sans le nommer. Quel est cet objet? Comment appelle-t-on le procédé utilisé par Hugo et quel effet est-il censé produire ici?*

5. *Expliquez cette phrase terrible : «Ah! cette fois, malheureux, je ne détournerai pas la tête» (chap. XXVIII).*

6. *En quoi le discours de l'aumônier est-il très maladroit?*

7. *Au chapitre XXIX, le prisonnier amorce une volte-face. Relevez dans le texte précédent les passages qui contredisent ce chapitre.*

8. *À travers deux rencontres différentes, l'une au chapitre XXX et l'autre au chapitre XXXI, de quelle réalité le prisonnier fait-il l'expérience?*

Écriture

9. *De quelle parabole religieuse le chapitre XXVI est-il le détournement? Pourquoi Victor Hugo choisit-il de ne pas faire de son personnage un saint?*

XXXII

Et puis, il m'est arrivé une chose ridicule.

On est venu relever mon bon vieux gendarme, auquel, ingrat égoïste que je suis, je n'ai seulement pas serré la main. Un autre l'a remplacé : homme à front déprimé, des yeux de bœuf, une figure inepte.

Au reste, je n'y avais fait aucune attention. Je tournais le dos à la porte, assis devant la table ; je tâchais de rafraîchir mon front avec ma main, et mes pensées troublaient mon esprit.

Un léger coup, frappé sur mon épaule, m'a fait tourner la tête. C'était le nouveau gendarme, avec qui j'étais seul.

Voici à peu près de quelle façon il m'a adressé la parole.

— Criminel, avez-vous bon cœur ?

— Non, lui ai-je dit.

La brusquerie de ma réponse a paru le déconcerter. Cependant il a repris en hésitant :

— On n'est pas méchant pour le plaisir de l'être.

— Pourquoi non ? ai-je répliqué. Si vous n'avez que cela à me dire, laissez-moi. Où voulez-vous en venir ?

— Pardon, mon criminel, a-t-il répondu. Deux mots seulement. Voici. Si vous pouviez faire le bonheur d'un pauvre homme, et que cela ne vous coûtât rien, est-ce que vous ne le feriez pas ?

J'ai haussé les épaules.

— Est-ce que vous arrivez de Charenton ? Vous choisissez un singulier vase pour y puiser du bonheur. Moi, faire le bonheur de quelqu'un !

Il a baissé la voix et pris un air mystérieux, ce qui n'allait pas à sa figure idiote.

— Oui, criminel, oui bonheur, oui fortune. Tout cela me sera venu de vous. Voici. Je suis un pauvre gendarme. Le service est lourd, la paye est légère ; mon cheval est à moi et me ruine. Or, je mets à la loterie pour contre-balancer. Il faut bien avoir une industrie.

Jusqu'ici il ne m'a manqué pour gagner que d'avoir de bons numéros. J'en cherche partout de sûrs; je tombe toujours à côté. Je mets le 76; il sort le 77. J'ai beau les
40 nourrir[1], ils ne viennent pas... – Un peu de patience, s'il vous plaît, je suis à la fin. – Or, voici une belle occasion pour moi. Il paraît, pardon, criminel, que vous passez aujourd'hui. Il est certain que les morts qu'on fait périr comme cela voient la loterie d'avance.
45 Promettez-moi de venir demain soir, qu'est-ce que cela vous fait? me donner trois numéros, trois bons. Hein? – Je n'ai pas peur des revenants, soyez tranquille. – Voici mon adresse : Caserne Popincourt, escalier A, n° 26, au fond du corridor. Vous me reconnaîtrez bien,
50 n'est-ce pas? – Venez même ce soir, si cela vous est plus commode.

J'aurais dédaigné de lui répondre, à cet imbécile, si une espérance folle ne m'avait traversé l'esprit. Dans la position désespérée où je suis, on croit par moments
55 qu'on briserait une chaîne avec un cheveu.

– Écoute, lui ai-je dit en faisant le comédien autant que le peut faire celui qui va mourir, je puis en effet te rendre plus riche que le roi, te faire gagner des millions. – À une condition.
60 Il ouvrait des yeux stupides.

– Laquelle? laquelle? tout pour vous plaire, mon criminel.

– Au lieu de trois numéros, je t'en promets quatre. Change d'habits avec moi.
65 – Si ce n'est que cela! s'est-il écrié en défaisant les premières agrafes de son uniforme.

Je m'étais levé de ma chaise. J'observais tous ses mouvements, mon cœur palpitait. Je voyais déjà les portes s'ouvrir devant l'uniforme de gendarme, et la
70 place, et la rue, et le Palais de Justice derrière moi!

Mais il s'est retourné d'un air indécis.

---

1. *J'ai beau les nourrir* : «nourrir» un numéro consiste à le jouer jusqu'à ce qu'il sorte.

CHAPITRE XXXIII

– Ah ça! ce n'est pas pour sortir d'ici?

J'ai compris que tout était perdu. Cependant j'ai tenté un dernier effort, bien inutile et bien insensé!

75 – Si fait, lui ai-je dit, mais ta fortune est faite...

Il m'a interrompu.

– Ah bien non! tiens! et mes numéros! pour qu'ils soient bons, il faut que vous soyez mort.

Je me suis rassis, muet et plus désespéré de toute 80 l'espérance que j'avais eue.

XXXIII

J'ai fermé les yeux, et j'ai mis les mains dessus, et j'ai tâché d'oublier, d'oublier le présent dans le passé. Tandis que je rêve, les souvenirs de mon enfance et de ma jeunesse me reviennent un à un, doux, calmes, riants, 5 comme des îles de fleurs sur ce gouffre de pensées noires et confuses qui tourbillonnent dans mon cerveau.

Je me revois enfant, écolier rieur et frais, jouant, courant, criant avec mes frères dans la grande allée 10 verte de ce jardin sauvage où ont coulé mes premières années, ancien enclos de religieuses que domine de sa tête de plomb le sombre dôme du Val-de-Grâce•.

Et puis, quatre ans plus tard, m'y voilà encore, toujours enfant, mais déjà rêveur et passionné. Il y a une 15 jeune fille dans le solitaire jardin.

La petite Espagnole, avec ses grands yeux et ses grands cheveux, sa peau brune et dorée, ses lèvres rouges et ses joues roses, l'Andalouse de quatorze ans, Pepa.

20 Nos mères nous ont dit d'aller courir ensemble : nous sommes venus nous promener.

On nous a dit de jouer, et nous causons, enfants du même âge, non du même sexe.

Pourtant, il n'y a encore qu'un an, nous courions, 25 nous luttions ensemble. Je disputais à Pepita la plus belle pomme du pommier; je la frappais pour un nid d'oiseau. Elle pleurait; je disais : C'est bien fait! et nous allions tous deux nous plaindre ensemble à nos mères, qui nous donnaient tort tout haut et raison tout bas.

30 Maintenant elle s'appuie sur mon bras, et je suis tout fier et tout ému. Nous marchons lentement, nous parlons bas. Elle laisse tomber son mouchoir; je le lui ramasse. Nos mains tremblent en se touchant. Elle me parle des petits oiseaux, de l'étoile qu'on voit là-bas, du

35 couchant vermeil derrière les arbres, ou bien de ses amies de pension, de sa robe et de ses rubans. Nous disons des choses innocentes, et nous rougissons tous deux. La petite fille est devenue jeune fille.

Ce soir-là, – c'était un soir d'été, – nous étions sous

40 les marronniers, au fond du jardin. Après un de ces longs silences qui remplissaient nos promenades, elle quitta tout à coup mon bras, et me dit : Courons!

Je la vois encore, elle était tout en noir, en deuil de sa grand'mère. Il lui passa par la tête une idée d'enfant,

45 Pepa redevint Pepita, elle me dit : Courons!

Et elle se mit à courir devant moi avec sa taille fine comme le corset d'une abeille et ses petits pieds qui relevaient sa robe jusqu'à mi-jambe. Je la poursuivis, elle fuyait; le vent de sa course soulevait par moments sa

50 pèlerine noire, et me laissait voir son dos brun et frais.

J'étais hors de moi. Je l'atteignis près du vieux puisard[1] en ruine; je la pris par la ceinture, du droit de victoire, et je la fis asseoir sur un banc de gazon; elle ne résista pas. Elle était essoufflée et riait. Moi j'étais

55 sérieux, et je regardais ses prunelles noires à travers ses cils noirs.

– Asseyez-vous là, me dit-elle. Il fait encore grand jour, lisons quelque chose. Avez-vous un livre?

J'avais sur moi le tome second des *Voyages* de Spal-

60 lanzani. J'ouvris au hasard, je me rapprochai d'elle,

---

1. *puisard* : sorte de puits construit en pierres sèches, destiné à servir d'égoût.

elle appuya son épaule à mon épaule, et nous nous mîmes à lire chacun de notre côté, tout bas, la même page. Avant de tourner le feuillet, elle était toujours obligée de m'attendre. Mon esprit allait moins vite que
65 le sien.

– Avez-vous fini? me disait-elle, que j'avais à peine commencé.

Cependant nos têtes se touchaient, nos cheveux se mêlaient, nos haleines peu à peu se rapprochèrent, et
70 nos bouches tout à coup.

Quand nous voulûmes continuer notre lecture, le ciel était étoilé.

– Oh! maman, maman, dit-elle en rentrant, si tu savais comme nous avons couru!
75 Moi, je gardais le silence.

– Tu ne dis rien, me dit ma mère, tu as l'air triste.

J'avais le paradis dans le cœur.

C'est une soirée que je me rappellerai toute ma vie. Toute ma vie!

XXXIV

Une heure vient de sonner. Je ne sais laquelle : j'entends mal le marteau de l'horloge. Il me semble que j'ai un bruit d'orgue dans les oreilles; ce sont mes dernières pensées qui bourdonnent.
5 À ce moment suprême où je me recueille dans mes souvenirs, j'y retrouve mon crime avec horreur; mais je voudrais me repentir davantage encore. J'avais plus de remords avant ma condamnation; depuis, il semble qu'il n'y ait plus de place que pour les pensées de
10 mort. Pourtant, je voudrais bien me repentir beaucoup.

Quand j'ai rêvé une minute à ce qu'il y a de passé dans ma vie, et que j'en reviens au coup de hache qui doit la terminer tout à l'heure, je frissonne comme d'une chose nouvelle. Ma belle enfance! ma belle jeu-
15 nesse! étoffe dorée dont l'extrémité est sanglante. Entre

alors et à présent, il y a une rivière de sang, le sang de l'autre et le mien.

Si on lit un jour mon histoire, après tant d'années d'innocence et de bonheur, on ne voudra pas croire à
20 cette année exécrable, qui s'ouvre par un crime et se clôt par un supplice ; elle aura l'air dépareillée.

Et pourtant, misérables lois et misérables hommes, je n'étais pas un méchant !

Oh ! mourir dans quelques heures, et penser qu'il y a
25 un an, à pareil jour, j'étais libre et pur, que je faisais mes promenades d'automne, que j'errais sous les arbres, et que je marchais dans les feuilles !

L'assassinat commis par Papavoine dans le bois de Vincennes.
(Gravure du XIXe siècle.)

94

Compréhension

1. Relevez au chapitre XXXIV un argument supplémentaire contre la peine de mort.

2. Quel est le sens de l'exclamation finale du chapitre XXXIV : « toute ma vie ! » ? En quoi le cliché est-il revivifié par cet usage nouveau ?

Écriture

3. Pourquoi Victor Hugo répète-t-il, à la fin de deux paragraphes du chapitre XXXIII, l'impératif « courons » ? À quel procédé cinématographique pourrait-on comparer ce procédé littéraire ?

4. Expliquez cette expression : « Pepa redevint Pepita ». Avec quelle autre phrase du chapitre est-elle à mettre en parallèle ?

Recherche

5. Recherchez dans la biographie de Victor Hugo ce qui, dans le chapitre XXXIV, appartient au souvenir d'enfance personnel.

Mise en scène

6. Apprenez le dialogue du condamné et du geôlier au chapitre XXXII. Essayez de proposer une mise en scène en tenant compte des indications données par le texte.

XXXV

En ce moment même, il y a tout auprès de moi,
dans ces maisons qui font cercle autour du Palais et de
la Grève•, et partout dans Paris, des hommes qui vont
et viennent, causent et rient, lisent le journal, pensent à
5 leurs affaires ; des marchands qui vendent ; des jeunes
filles qui préparent leurs robes de bal pour ce soir ; des
mères qui jouent avec leurs enfants !

XXXVI

Je me souviens qu'un jour, étant enfant, j'allai voir le
bourdon[1] de Notre-Dame.
J'étais déjà étourdi d'avoir monté le sombre escalier
en colimaçon, d'avoir parcouru la frêle galerie qui lie
5 les deux tours, d'avoir eu Paris sous les pieds, quand
j'entrai dans la cage de pierre et de charpente où pend
le bourdon avec son battant, qui pèse un millier[2].
J'avançai en tremblant sur les planches mal jointes,
regardant à distance cette cloche si fameuse parmi les
10 enfants et le peuple de Paris, et ne remarquant pas sans
effroi que les auvents couverts d'ardoises qui entourent
le clocher de leurs plans inclinés étaient au niveau de
mes pieds. Dans les intervalles, je voyais, en quelque
sorte à vol d'oiseau, la place du Parvis-Notre-Dame, et
15 les passants comme des fourmis.
Tout à coup l'énorme cloche tinta, une vibration
profonde remua l'air, fit osciller la lourde tour. Le plancher sautait sur les poutres. Le bruit faillit me renverser ; je chancelai, prêt à tomber, prêt à glisser sur les

1. *bourdon* : grosse cloche à son grave.
2. *un millier* : abréviation d'usage courant pour « un millier de livres », soit
500 kg.

CHAPITRE XXXVII

20 auvents d'ardoises en pente. De terreur, je me couchai
sur les planches, les serrant étroitement de mes deux
bras, sans parole, sans haleine, avec ce formidable tintement dans les oreilles, et sous les yeux ce précipice,
cette place profonde où se croisaient tant de passants
25 paisibles et enviés.

Eh bien! il me semble que je suis encore dans la
tour du bourdon. C'est tout ensemble un étourdisse-
ment et un éblouissement. Il y a comme un bruit de
cloche qui ébranle les cavités de mon cerveau; et
30 autour de moi je n'aperçois plus cette vie plane et tranquille que j'ai quittée, et où les autres hommes che-
minent encore, que de loin et à travers les crevasses
d'un abîme.

XXXVII

L'hôtel de ville est un édifice sinistre.

Avec son toit aigu et roide, son clocheton bizarre,
son grand cadran blanc, ses étages à petites colonnes,
ses mille croisées, ses escaliers usés par les pas, ses
5 deux arches à droite et à gauche, il est là, de plain-pied
avec la Grève•; sombre, lugubre, la face toute rongée
de vieillesse, et si noir, qu'il est noir au soleil.

Les jours d'exécution, il vomit des gendarmes de
toutes ses portes, et regarde le condamné avec toutes
10 ses fenêtres.

Et le soir, son cadran, qui a marqué l'heure, reste
lumineux sur sa façade ténébreuse.

XXXVIII

Il est une heure et quart.

Voici ce que j'éprouve maintenant :

Une violente douleur de tête. Les reins froids, le

97

front brûlant. Chaque fois que je me lève ou que je me
penche, il me semble qu'il y a un liquide qui flotte
dans mon cerveau, et qui fait battre ma cervelle contre
les parois du crâne.

J'ai des tressaillements convulsifs, et de temps en
temps la plume tombe de mes mains comme par une
secousse galvanique [1].

Les yeux me cuisent comme si j'étais dans la fumée.

J'ai mal dans les coudes.

Encore deux heures et quarante-cinq minutes, et je
serai guéri.

XXXIX

Ils disent que ce n'est rien, qu'on ne souffre pas, que
c'est une fin douce, que la mort de cette façon est bien
simplifiée.

Eh! qu'est-ce donc que cette agonie de six semaines
et ce râle de tout un jour? Qu'est-ce que les angoisses
de cette journée irréparable, qui s'écoule si lentement
et si vite? Qu'est-ce que cette échelle de tortures qui
aboutit à l'échafaud?

Apparemment ce n'est pas là souffrir.

Ne sont-ce pas les mêmes convulsions, que le sang
s'épuise goutte à goutte, ou que l'intelligence s'éteigne
pensée à pensée?

Et puis, on ne souffre pas, en sont-ils sûrs? Qui le
leur a dit? Conte-t-on que jamais une tête coupée se
soit dressée sanglante au bord du panier, et qu'elle ait
crié au peuple : Cela ne fait pas de mal!

Y a-t-il des morts de leur façon qui soient venus les
remercier et leur dire : C'est bien inventé. Tenez-
vous-en là. La mécanique est bonne.

---

1. *galvanique* : électrique, relatif aux courants à basse tension étudiés par le
physicien italien Galvani.

CHAPITRE XXXIX

20   Est-ce Robespierre ? Est-ce Louis XVI•? ...

Non, rien ! moins qu'une minute, moins qu'une seconde, et la chose est faite. – Se sont-ils jamais mis, seulement en pensée, à la place de celui qui est là, au moment où le lourd tranchant qui tombe mord la chair, rompt les nerfs, brise les vertèbres... Mais quoi ! une demi-seconde ! la douleur est escamotée... Horreur !

Place de la Roquette, lundi matin 19 janvier.   EXÉCUTION DE PRÉVOST.   assassin d'Adèle Blondin et de Lenoble.

L'exécution d'un condamné à mort
au XIXe siècle.

Questions

Compréhension

1. *Quelle est la particularité du chapitre XXXVIII ?*

2. *Quel est le nouvel argument contre la peine de mort développé par le condamné dans le chapitre XXXIX ?*

Écriture

3. *Quelles sont les fonctions narratives de Notre-Dame et de l'Hôtel de Ville ? De manière générale, montrez comment les monuments parisiens reflètent l'humeur du condamné.*

4. *Étudiez la clausule des différents chapitres. Qu'en concluez-vous ?*

Recherche

5. *Comparez l'état du condamné (notamment au début du chapitre XXXVIII) à la fièvre de Jean Valjean telle qu'elle est décrite au chapitre des* Misérables *intitulé « Une tempête sous un crâne » (première partie, livre septième, chapitre III).*

XL

Il est singulier que je pense sans cesse au roi. J'ai
beau faire, beau secouer la tête, j'ai une voix dans
l'oreille qui me dit toujours :
– Il y a dans cette même ville, à cette même heure,
5 et pas bien loin d'ici, dans un autre palais, un homme
qui a aussi des gardes à toutes ses portes, un homme
unique comme toi dans le peuple, avec cette différence
qu'il est aussi haut que tu es bas. Sa vie entière, minute
par minute, n'est que gloire, grandeur, délices, enivre-
10 ment. Tout est autour de lui amour, respect, vénéra-
tion. Les voix les plus hautes deviennent basses en lui
parlant et les fronts les plus fiers ploient. Il n'a que de
la soie et de l'or sous les yeux. À cette heure, il tient
quelque conseil de ministres où tous sont de son avis ;
15 ou bien songe à la chasse de demain, au bal de ce soir,
sûr que la fête viendra à l'heure, et laissant à d'autres le
travail de ses plaisirs. Eh bien ! cet homme est de chair
et d'os comme toi ! – Et pour qu'à l'instant même l'horrible échafaud s'écroulât, pour que tout te fût rendu,
20 vie, liberté, fortune, famille, il suffirait qu'il écrivît avec
cette plume les sept lettres de son nom[1] au bas d'un
morceau de papier, ou même que son carrosse ren-
contrât ta charrette ! – Et il est bon, et il ne demande-
rait pas mieux peut-être, et il n'en sera rien !

XLI

Eh bien donc ! ayons courage avec la mort, prenons
cette horrible idée à deux mains, et considérons-la en
face. Demandons-lui compte de ce qu'elle est, sachons
ce qu'elle nous veut, retournons-la en tous sens,

---

1. *les sept lettres de son nom* : «Charles» (il s'agit du roi Charles X•).

5 épelons l'énigme, et regardons d'avance dans le tombeau.

Il me semble que, dès que mes yeux seront fermés,
je verrai une grande clarté et des abîmes de lumière où
mon esprit roulera sans fin. Il me semble que le ciel
10 sera lumineux de sa propre essence, que les astres y
feront des taches obscures, et qu'au lieu d'être comme
pour les yeux vivants des paillettes d'or sur du velours
noir, ils sembleront des points noirs sur du drap d'or.

Ou bien, misérable que je suis, ce sera peut-être un
15 gouffre hideux, profond, dont les parois seront tapis-
sées de ténèbres, et où je tomberai sans cesse en voyant
des formes remuer dans l'ombre.

Ou bien, en m'éveillant après le coup, je me trouve-
rai peut-être sur quelque surface plane et humide, ram-
20 pant dans l'obscurité et tournant sur moi-même
comme une tête qui roule. Il me semble qu'il y aura un
grand vent qui me poussera, et que je serai heurté çà et
là par d'autres têtes roulantes. Il y aura par places des
mares et des ruisseaux d'un liquide inconnu et tiède ;
25 tout sera noir. Quand mes yeux, dans leur rotation,
seront tournés en haut, ils ne verront qu'un ciel
d'ombre, dont les couches épaisses pèseront sur eux, et
au loin dans le fond de grandes arches de fumée plus
noires que les ténèbres. Ils verront aussi voltiger dans
30 la nuit de petites étincelles rouges, qui, en s'appro-
chant, deviendront des oiseaux de feu. Et ce sera ainsi
toute l'éternité.

Il se peut bien aussi qu'à certaines dates les morts de
la Grève• se rassemblent par de noires nuits d'hiver sur
35 la place qui est à eux. Ce sera une foule pâle et sanglante, et je n'y manquerai pas. Il n'y aura pas de lune,
et l'on parlera à voix basse. L'hôtel de ville sera là, avec
sa façade vermoulue, son toit déchiqueté, et son cadran
qui aura été sans pitié pour tous. Il y aura sur la place
40 une guillotine de l'enfer, où un démon exécutera un
bourreau ; ce sera à quatre heures du matin. À notre
tour nous ferons foule autour.

Il est probable que cela est ainsi. Mais si ces morts-là

reviennent, sous quelle forme reviennent-ils? Que
45 gardent-ils de leur corps incomplet et mutilé? Que
choisissent-ils? Est-ce la tête ou le tronc qui est
spectre?

Hélas! qu'est-ce que la mort fait avec notre âme?
quelle nature lui laisse-t-elle? qu'a-t-elle à lui prendre
50 ou à lui donner? où la met-elle? lui prête-t-elle quelquefois des yeux de chair pour regarder sur la terre, et
pleurer?

Ah! un prêtre! un prêtre qui sache cela! Je veux un
prêtre, et un crucifix à baiser!
55 Mon Dieu, toujours le même!

XLII

Je l'ai prié de me laisser dormir, et je me suis jeté sur
le lit.

En effet, j'avais un flot de sang dans la tête, qui m'a
fait dormir. C'est mon dernier sommeil, de cette
5 espèce.

J'ai fait un rêve.

J'ai rêvé que c'était la nuit. Il me semblait que j'étais
dans mon cabinet avec deux ou trois de mes amis, je
ne sais plus lesquels.

10 Ma femme était couchée dans la chambre à coucher,
à côté, et dormait avec son enfant.

Nous parlions à voix basse, mes amis et moi, et ce
que nous disions nous effrayait.

Tout à coup il me sembla entendre un bruit quelque
15 part dans les autres pièces de l'appartement. Un bruit
faible, étrange, indéterminé.

Mes amis avaient entendu comme moi. Nous écou-
tâmes : c'était comme une serrure qu'on ouvre sourde-
ment, comme un verrou qu'on scie à petit bruit.

20 Il y avait quelque chose qui nous glaçait : nous
avions peur. Nous pensâmes que peut-être c'étaient des

voleurs qui s'étaient introduits chez moi, à cette heure si avancée de la nuit.

Nous résolûmes d'aller voir. Je me levai, je pris la bougie. Mes amis me suivaient, un à un.

Nous traversâmes la chambre à coucher, à côté. Ma femme dormait avec son enfant.

Puis nous arrivâmes dans le salon. Rien. Les portraits étaient immobiles dans leurs cadres d'or sur la tenture rouge. Il me sembla que la porte du salon à la salle à manger n'était point à sa place ordinaire.

Nous entrâmes dans la salle à manger ; nous en fîmes le tour. Je marchais le premier. La porte sur l'escalier était bien fermée, les fenêtres aussi. Arrivé près du poêle, je vis que l'armoire au linge était ouverte, et que la porte de cette armoire était tirée sur l'angle du mur comme pour le cacher.

Cela me surprit. Nous pensâmes qu'il y avait quelqu'un derrière la porte.

Je portai la main à cette porte pour refermer l'armoire ; elle résista. Étonné, je tirai plus fort, elle céda brusquement, et nous découvrit une petite vieille, les mains pendantes, les yeux fermés, immobile, debout, et comme collée dans l'angle du mur.

Cela avait quelque chose de hideux, et mes cheveux se dressent d'y penser.

Je demandai à la vieille :

– Que faites-vous là ?

Elle ne répondit pas.

Je lui demandai :

– Qui êtes-vous ?

Elle ne répondit pas, ne bougea pas, et resta les yeux fermés.

Mes amis dirent :

– C'est sans doute la complice de ceux qui sont entrés avec de mauvaises pensées ; ils se sont échappés en nous entendant venir ; elle n'aura pu fuir et s'est cachée là.

Je l'ai interrogée de nouveau, elle est demeurée sans voix, sans mouvement, sans regard.

Un de nous l'a poussée à terre, elle est tombée.

Elle est tombée tout d'une pièce, comme un morceau de bois, comme une chose morte.

Nous l'avons remuée du pied, puis deux de nous
l'ont relevée et de nouveau appuyée au mur. Elle n'a donné aucun signe de vie. On lui a crié dans l'oreille, elle est restée muette comme si elle était sourde.

Cependant, nous perdions patience, et il y avait de la colère dans notre terreur. Un de nous m'a dit :

— Mettez-lui la bougie sous le menton.

Je lui ai mis la mèche enflammée sous le menton. Alors elle a ouvert un œil à demi, un œil vide, terne, affreux, et qui ne regardait pas.

J'ai ôté la flamme et j'ai dit :

— Ah enfin ! répondras-tu, vieille sorcière ? Qui es-tu ?

L'œil s'est refermé comme de lui-même.

— Pour le coup, c'est trop fort, ont dit les autres. Encore la bougie ! encore ! il faudra bien qu'elle parle.

J'ai replacé la lumière sous le menton de la vieille.

Alors, elle a ouvert ses deux yeux lentement, nous a regardés tous les uns après les autres, puis, se baissant brusquement, a soufflé la bougie avec un souffle glacé. Au même moment j'ai senti trois dents aiguës s'imprimer sur ma main, dans les ténèbres.

Je me suis réveillé, frissonnant et baigné d'une sueur froide.

Le bon aumônier était assis au pied de mon lit, et lisait des prières.

— Ai-je dormi longtemps ? lui ai-je demandé.

— Mon fils, m'a-t-il dit, vous avez dormi une heure. On vous a amené votre enfant. Elle est là dans la pièce voisine, qui vous attend. Je n'ai pas voulu qu'on vous éveillât.

— Oh ! ai-je crié, ma fille, qu'on m'amène ma fille !

Questions

Compréhension

1. *Faites le relevé des similitudes et des différences établies dans le texte entre le prisonnier et le roi? Que constatez-vous? Quel est l'enjeu de ce chapitre pour Victor Hugo?*

2. *Relevez, dans les chapitres XLI et XLII, tous les éléments qui créent une atmosphère inquiétante.*

Écriture

3. *Relevez dans le chapitre XL les procédés stylistiques qui prouvent l'omnipotence du roi.*

4. *De quel genre, très en vogue en 1829, relèvent les images des chapitres XLI et XLII?*

5. *De qui, symboliquement, la petite vieille pourrait-elle être la représentante?*

6. *De quel autre passage pourrait-on rapprocher cet épisode du rêve? Comment appelle-t-on ce genre d'écriture qui privilégie le rêve et l'hallucination?*

Recherche

7. *Quel fut le destin de Charles X? Recherchez dans une encyclopédie les circonstances de son départ du trône.*

8. *Quelle est, en 1828-1829, la position de Victor Hugo vis-à-vis du roi?*

9. *À quelle autre image royale pourrait songer le prisonnier dans l'attente de son exécution? Expliquez pourquoi.*

10. *Comparez la figure royale à celle du personnage de Louis XIII dans Marion Delorme, drame de Victor Hugo.*

XLIII

Elle est fraîche, elle est rose, elle a de grands yeux, elle est belle !

On lui a mis une petite robe qui lui va bien.

Je l'ai prise, je l'ai enlevée dans mes bras, je l'ai assise
5 sur mes genoux, je l'ai baisée sur ses cheveux.

Pourquoi pas avec sa mère ? – Sa mère est malade, sa grand'mère aussi. C'est bien.

Elle me regardait d'un air étonné ; caressée, embrassée, dévorée de baisers et se laissant faire ; mais jetant
10 de temps en temps un coup d'œil inquiet sur sa bonne, qui pleurait dans le coin.

Enfin j'ai pu parler.

– Marie ! ai-je dit, ma petite Marie !

Je la serrais violemment contre ma poitrine enflée de
15 sanglots. Elle a poussé un petit cri.

– Oh ! vous me faites du mal, monsieur, m'a-t-elle dit.

Monsieur ! il y a bientôt un an qu'elle ne m'a vu, la pauvre enfant. Elle m'a oublié, visage, parole, accent ;
20 et puis, qui me reconnaîtrait avec cette barbe, ces habits et cette pâleur ? Quoi ! déjà effacé de cette mémoire, la seule où j'eusse voulu vivre ! Quoi ! déjà plus père ! être condamné à ne plus entendre ce mot, ce mot de la langue des enfants, si doux qu'il ne peut
25 rester dans celle des hommes : papa !

Et pourtant l'entendre de cette bouche, encore une fois, une seule fois, voilà tout ce que j'eusse demandé pour les quarante ans de vie qu'on me prend.

– Écoute, Marie, lui ai-je dit en joignant ses deux
30 petites mains dans les miennes, est-ce que tu ne me connais point ?

Elle m'a regardé avec ses beaux yeux, et a répondu :

– Ah bien non !

– Regarde bien, ai-je répété. Comment, tu ne sais
35 pas qui je suis ?

– Si, a-t-elle dit. Un monsieur.

107

Hélas! n'aimer ardemment qu'un seul être au monde, l'aimer avec tout son amour, et l'avoir devant soi, qui vous voit et vous regarde, vous parle et vous
40 répond, et ne vous connaît pas! Ne vouloir de consolation que de lui, et qu'il soit le seul qui ne sache pas qu'il vous en faut parce que vous allez mourir!

– Marie, ai-je repris, as-tu un papa?

– Oui, monsieur, a dit l'enfant.

45 – Eh bien, où est-il?

Elle a levé ses grands yeux étonnés.

– Ah! vous ne savez donc pas? il est mort.

Puis elle a crié; j'avais failli la laisser tomber.

– Mort! disais-je. Marie, sais-tu ce que c'est qu'être
50 mort?

– Oui, monsieur, a-t-elle répondu. Il est dans la terre et dans le ciel.

Elle a continué d'elle-même :

– Je prie le bon Dieu pour lui matin et soir sur les
55 genoux de maman.

Je l'ai baisée au front.

– Marie, dis-moi ta prière.

– Je ne peux pas, monsieur. Une prière, cela ne se dit pas dans le jour. Venez ce soir dans ma maison; je
60 la dirai.

C'était assez de cela. Je l'ai interrompue.

– Marie, c'est moi qui suis ton papa.

– Ah! m'a-t-elle dit.

J'ai ajouté : – Veux-tu que je sois ton papa?

65 L'enfant s'est détournée.

– Non, mon papa était bien plus beau.

Je l'ai couverte de baisers et de larmes. Elle a cherché à se dégager de mes bras en criant :

– Vous me faites mal avec votre barbe.

70 Alors, je l'ai replacée sur mes genoux, en la couvant des yeux, et puis je l'ai questionnée.

– Marie, sais-tu lire?

– Oui, a-t-elle répondu. Je sais bien lire. Maman me fait lire mes lettres.

75 – Voyons, lis un peu, lui ai-je dit en lui montrant un

papier qu'elle tenait chiffonné dans une de ses petites mains.

Elle a hoché sa jolie tête.

– Ah bien! je ne sais lire que des fables.

80 – Essaie toujours. Voyons, lis.

Elle a déployé le papier, et s'est mise à épeler avec son doigt :

– A, R, ar, R, E, T, rêt, arrêt...

Je lui ai arraché cela des mains. C'est ma sentence de 85 mort qu'elle me lisait. Sa bonne avait eu le papier pour un sou. Il me coûtait plus cher, à moi.

Il n'y a pas de paroles pour ce que j'éprouvais. Ma violence l'avait effrayée ; elle pleurait presque. Tout à coup elle m'a dit :

90 – Rendez-moi donc mon papier, tiens! c'est pour jouer.

Je l'ai remise à sa bonne.

– Emportez-la.

Et je suis retombé sur ma chaise, sombre, désert, 95 désespéré. À présent ils devraient venir ; je ne tiens plus à rien ; la dernière fibre de mon cœur est brisée. Je suis bon pour ce qu'ils vont faire.

XLIV

Le prêtre est bon, le gendarme aussi. Je crois qu'ils ont versé une larme quand j'ai dit qu'on m'emportât mon enfant.

C'est fait. Maintenant il faut que je me roidisse en 5 moi-même, et que je pense fermement au bourreau, à la charrette, aux gendarmes, à la foule sur le pont, à la foule sur le quai, à la foule aux fenêtres, et à ce qu'il y aura exprès pour moi sur cette lugubre place de Grève•, qui pourrait être pavée des têtes qu'elle a vu 10 tomber.

Je crois que j'ai encore une heure pour m'habituer à tout cela.

COMPLAINTE.

Air : *de Joseph.*

Je vous vais raconter l'histoire
Du plus horrible des forfaits :
Comment un jour pourra-t-on croire
A l'affreux récit que je fais ?
Sur deux innocentes victimes
Un tigre, un monstre furieux
A commis le plus grand des crimes
En les assassinant tous deux.

Du scélérat l'âme féroce
Avait lourdement médité
D'un grand sang-froid le crime atroce
Rien d'égal de sa cruauté.
Dans Vincennes exprès il achète
Le couteau dont il a fait choix,
Et, satisfait de son emplète,
Il tourne ses pas vers le bois.

C'est là qu'il rencontre une mère
Et ses deux aimables enfants ;
Cachant son arme meurtrière
Il s'approche des innocens.
Regarde, mais d'un air farouche,
Leur tranquillité, leur douceur ;
Ce barbare, que rien ne touche,
D'un couteau leur perce le cœur.

Aux cris de la mère éplorée
On accourt, mais le monstre a fui ;
Du bois on ferme chaque entrée
Et de suite on court après lui.
Le barbare se cache, et pense
Pouvoir s'échapper aisément ;
Grâce à la juste Providence
Il fut découvert promptement.

Il veut montrer du caractère ;
On le regarde avec horreur ;
Sans se troubler il voit sur terre
Les victimes de sa fureur.
Quand la mère, où douleur amère !
Lève sur lui ses yeux pleurans ;
Grand Dieu ! c'est le monstre, dit-elle,
Qui vient de tuer mes enfans !

Quoiqu'on ait preuve l'accable
Il écoute tranquillement,
Et se refond, quoique coupable
A tout nier adroitement.
En vain avec art il s'exprime
En vain il se dit innocent,
Pour punir son horrible crime
La justice est là qui l'attend.

Papavoine, avec assurance,
Paraît devant le tribunal ;
Du sévir rien ne peut connaissance
Pour lui le rapport est fatal.
Mais, ô circonstance imprévue,
La mère votre, mais le voyant,
Le criminel à cette vue
Baisse les yeux en le voyant.

Par mainte preuve irrécusable
Papavoine, enfin confondu
Finit par s'avouer coupable
Et se croit d'avoir l'esprit perdu.
On médite chaque réponse
Dont l'auditoire est étonné ;
Enfin le tribunal prononce
Et Papavoine est condamné.

PROCÉDURE DE PAPAVOINE,
Condamné à la peine de mort par la Cour d'Assises de Paris, — Complainte à ce sujet.

La cour est venue prendre place, et, lorsqu'on est parvenu à obtenir le silence, M. le président a interpellé l'accusé de déclarer ses noms, prénoms, âge, lieu de naissance et profession.— M. le président a ensuite ordonné qu'il fût donné lecture de l'acte d'accusation. — Différentes impressions pénibles ont paru agiter pendant cette lecture l'accusé, jusqu'alors il avait ironiquement ses regards sur la cour et sur les jurés ; mais ses yeux sont dès lors restés constamment baissés. Il a semblé gêne, oppressé, quand la grêlier est arrivé au passage de l'acte d'accusation où le crime est retracé avec toutes ses circonstances, sa physionomie exprimait la douleur. Après l'appel des témoins, qui sont au nombre de soixante, M. le président procède à l'interrogatoire préliminaire de Papavoine. Il se fait un profond silence.— M. le président. A quelle époque êtes-vous entré dans la marine ?— R. En 1812. — D. Quel emploi avez-vous occupé ? — R. Celui de commis de marine. — D. A quel époque avez-vous quitté Brest ? — R. En novembre 1822. — D. N'était-ce pas à l'époque de la mort de votre père ? R. Oui. — D. Votre mère n'a-t-elle pas éprouvé quelques pertes dans sa fortune ? — R. Oui. — D. En quittant la marine, n'aviez-vous pas une pension de 386 fr.? R. Oui, monsieur. — D. en 1814, ne vous êtes-vous pas trouvé réduit à cette seule pension? R. Oui. — D. Les ressources de votre mère étant devenues presque nulles n'avez-vous pas demandé à rentrer dans la marine? et cela ne vous a-t-il pas été refusé? R. Oui, monsieur. — D. Quelles personnes voyez-vous depuis 1814? R. Peu de monde. — D. N'aviez-vous pas perdu l'espoir de rétablir les affaires de votre mère? R. A peu près. D. Pourquoi le 9 octobre avez-vous fait le voyage de Mony à Beauvais? R. J'étais affecté, je laissais un voyage pour me distraire? D. Vous y êtes resté pendant trois jours? R. Oui, monsieur. D. Qui vous avez-vous vu à Beauvais? R. Ma tante et M. Branchi. D. Pourquoi êtes-vous venu à Paris le 6 octobre? R. Pour consulter les négocians avec lesquels ma mère était en correspondance. Pourquoi avez-vous emporté deux couteaux de chez vous à Beauvais? R. J'étais malade, je dormais peu, les terreurs me poursuivaient; n'ayant pas d'armes, j'avais pris ces deux couteaux pour me défendre. Je mettais l'un sous mon traversin, et l'autre sur ma table de nuit. — D. Mais on a trouvé ces deux couteaux dans votre valise? — R. Je les remettais le matin dans ma valise. — D. Depuis le 6 octobre jusqu'au 10, quel a été l'emploi de votre tems?—R. Faisais des courses dans ma maison de commerce et me promenais au Jardin des Plantes. — D. Qui vous avez-vous vu à Paris? — R.M. Jauge; je suis allé aussi chez M Langlois, mais je ne l'ai pas trouvé. — D. Vous êtes descendu, à Paris, à l'hôtel de la Providence? — R. Oui, monsieur. — Dans quel but êtes-vous allé à Vincennes le 10 octobre? R. J'y allais sans but, sans dessein, uniquement pour me distraire de mes sombres idées, et plus je marchais, plus la fermentation qui agitait mes tens semblait s'accroître. — D. Connaissez-vous quelqu'un à Vincennes? — R. Personne. — D. Comment êtes-vous vêtu le 10 octobre? — R. J'avais une redingote bleue. — D. N'était-elle pas boutonnée du haut en bas? — R. Elle était boutonnée comme je la boutonne ordinairement une redingote. — D. N'aviez-vous pas des souliers et des bas noirs? — R. Oui, monsieur. — D. Sur le chemin de Vincennes n'avez-vous pas rencontré une femme vêtue d'une robe rose? — R. Oui. — D. Vous la connaissiez? — R. Je ne la suivais pas, je poursuivais mon chemin. — D. Avez-vous vu entrer cette femme chez un épicier à Vincennes? — R. Je ne puis le rappeler pas. — D. Mais vous vous êtes arrêté devant l'épicier chez lequel elle est entrée? — R. Je ne saurais dire; je crois, pour examiner le château de Vincennes. — D. Cependant vous vous y suivait cette femme? — R. J'avais l'esprit tellement agité que je ne me rappelle pas de l'avoir suivie; si je l'ai c'était machinalement. — D. N'êtes-vous pas entrer dans le bois de Vincennes? — R. Non. D. L'avez-vous vu perdre à une femme qui se promenait avec deux enfans? — R. Non. D. Cependant vous êtes l'accuser. — C'est possible. D. qui avez-vous demandé si elle connaissait les deux enfans qu'elle venait d'embrasser? — R. C'est possible. D. Et sur la réponse négative qu'elle vous a faite à l'observation que, vous l'indiscrétion,

qu'il était étonnant qu'elle embrassât des enfans qu'elle ne connaissait pas, ne l'avez-vous pas quittée sur-le-champ pour aller acheter un couteau chez la veuve Jean. — R. Oui, j'ai été acheter un couteau; mais il me serait impossible de préciser un juste l'instant de cet achat. D. Vous avez dit d'une' l'instruction que vous étiez allé acheter le couteau après avoir rencontré cette femme, lui avez parlé et l'avoir vu embrasser les deux enfans? R. Lorsque j'ai été interrogé j'étais tellement fatigué par les mensonges, par les mauvais traitemens et la société tout malveillante pour moi vers laquelle je me trouvais, que je ne chargeais exprès pour que cette affaire est fini, quelque cruelle que fut les traites passent en être pour ainsi. D. Cependant, Je juge d'instruction vous a traité avec douceur, avec ménagement. — R. Je n'élève aucune plainte contre M. le juge d'instruction, mais je sais c'était pas tranquillée; le seul m'apprenait des serrures, j'étais couvert de la cannoule, et j'épouvais une tristesse mortelle même qu'une forte horrible qu'une torture physique. — D. Quelle était votre intention? — J'comptais avec cette arme pouvoir délivrer les prisonniers qui étaient dans le donjon de Vincennes. D. Mais, sur la réponse de la fille Moiservait, vous allez à Vincennes sans acheter le couteau; par conséquent vous ne pouviez pas avoir l'intention de délivrer les prisonniers du donjon, l'achat du couteau ne répond que votre intention de délivrer les prisonniers du donjon; d'ailleurs, si telle eût été votre intention, pourquoi ne pas vous diriger vers le donjon? — R. Mes idées n'étaient pas saines; la manière dont j'ai agi le prouve. Comment supposer, si j'avais eu ma raison, que je serais allé a tuer des innocens? — D. Cependant cet deux enfans en pleine nuit? Je sais que je suis allé à Vincennes pousse par le sais quelle fatalité; j'ai frappé les deux enfans. Je voudrais, au prix de tout mon sang, pouvoir les rappeler à la vie. (En interrogeant ces derniers mots, Papavoine laisse paraître un profond trouble.) — D. Cependant, après avoir quitté la fille Moiservait, vous êtes allé près de la mère des deux malheureux enfans, et vous teniez alors le couteau caché derrière votre dos. Il y avait donc préméditation de votre part? R. Comment aurais-je la préméditer d'une action semblable? — D. Expliquez donc votre conduite à MM. les jurés; quels sont les motifs qui vous ont porté à cette action? R. Je ne puis pas les préciser; j'avais la tête tellement égarée, que je ne puis rendre compte de ce qui s'est passé en moi dans ce fatal instant. Je ne suis sorti vif train et, comme je vous l'ai dit, poursuivi par l'action j'avais la tête, j'ai frappé les deux enfans? D. Apres l'assassinat, vous avez reçu de la mère de ces malheureux enfans un coup de parapluie sur votre chapeau? R. Je ne me le rappelle pas. D. Vous ne vous rappelez pas avoir reçu un coup de parapluie sur votre chapeau et vous êtes aussitôt sauvé dans le bois? R. J'ai attribué cela froissement de mon chapeau aux coups que j'avais reçu des gendarmes lorsque je fus arrêté. D. Vous, vous êtes enfui à travers le taillis? R. Oui. D. Qu'avez-vous fait du couteau? R. Je crois l'avoir enterré dans la terre. D. Avez-vous ôté votre redingote et la mise de façon à ce qu'elle vous donnât de la prise? R. Cette idée ne s'est jamais offerte à moi. D. Avez-vous rencontré un canonnier dans le bois? R. Oui, monsieur. D. Ne lui avez-vous pas demandé si vous étiez le bois favorable? R. Je crois qu'oui. D. Vous lui avez demandé si le chemin que vous suiviez ne conduisait pas hors du parc? R. Il me dit voir plusieurs allées. D. Vous rapprochiez de rôle en tems vous aviez le pas de votre redingote, vous avez fait sur le canonnier l'effet d'un être, et c'est là un gendarme et venu; mais si ce n'eût été que le canonnier qui eut pu vous engager à frapper de mort vos enfans? R. Je vous ai dit, monsieur le président, que le voyage m'avait exagéré, Je le répète, haneurs, l'État cous m'a entraîné à un tel forfait? Que c'est mais, je ne puis m'expliquer ce qui se passe dans ma tête. Ainsi, avant de terminer, vous déclarez que vous voulez frapper d'autres victimes plus égarées; Je vous prie de réfléchir. D. Vous avez préféré cette instruction, qui, vous voulez frapper les enfans de France? R les chef-d'état.

Questions

Compréhension

1. *Par rapport au schéma familial habituel, quel personnage est absent du récit ? Comment son absence est-elle justifiée ? Quelles en sont les conséquences ?*

2. *En quoi la petite fille joue-t-elle dans le récit un rôle similaire à celui de la vieille femme du chapitre précédent ?*

Écriture

3. *Dans la phrase suivante, relevez les trois indices qui expriment une certaine distance entre la petite fille et son père : «Oh! vous me faites du mal, monsieur». (cf. supra, p. 107)*

4. *Relevez, au fil des chapitres, les indices du compte à rebours qui emmène le condamné vers la mort.*

Recherche

5. *Trouvez des exemples de paternité heureuse dans les romans de Victor Hugo.*

Bilan

L'action

• Ce que nous savons

– *Le condamné, après sa rencontre avec le forçat, est de plus en plus désabusé. Ses entrevues avec le prêtre, l'architecte de la prison, le gardien de sa cellule qui, naïvement, veut lui faire jouer les revenants, ne font que renforcer une sorte de dégoût de l'humanité. Seuls quelques souvenirs d'enfance, fortement inspirés de ceux de Victor Hugo, peuplent ses rêveries de doux fantômes féminins.*

– *Rapidement pourtant, il en revient à son leitmotiv : le minutage obsessionnel qui le rapproche de l'échafaud. Le sommeil le prend mais un cauchemar terrifiant vient encore renforcer l'angoisse : il voit une vieille femme, allégorie de la mort. Plus tard, il rencontre sa fille pour la dernière fois, mais elle ne le reconnaît pas et lui apprend, comme par un phénomène d'anticipation, sa propre mort.*

• À quoi nous attendre ?

– *Quel va être l'enchaînement des actions suivantes ?*
– *Jusqu'à quel moment le condamné pourra-t-il matériellement tenir un tel journal ?*

Le personnage

• Ce que nous savons

– *Le condamné est définitivement seul. On ne lui connaît ni véritable amour, ni ami. Sa femme, notamment, est curieusement absente du texte, comme si leur relation était totalement niée. La petite fille, qui pourrait être son dernier lien avec la vie, se dérobe. La paternité, si souvent salutaire dans les romans de Hugo, ne fonctionne pas ici.*

– *Dans les derniers chapitres, le condamné se livre davantage. Les tendresses et les calineries du père pour sa fille, le souvenir de la guillotine, la montée aux tours de Notre-Dame rattachent directement l'expérience du condamné à la biographie hugolienne. Dans le chapitre des amours adolescentes, se retrouve une sorte de synthèse parfaite entre les différents souvenirs : les Feuillantines, Bayonne et Madrid, Pépita et Adèle.*

– *Dans le chapitre du rêve, l'identification est évidente. L'apparition de la vieille femme est un thème récurrent de Victor Hugo. Henri Meschonnic propose une interprétation de l'image de cette vieille femme :* « Il n'est pas difficile, *dit-il,* de retrouver ce phantasme de la mère terrible qui, de l'araignée à la pieuvre, anime tant de mythes hugoliens ».

• **À quoi nous attendre ?**

– *Le prisonnier, que rien finalement ne rattache plus à la vie, va-t-il se résoudre à l'exécution capitale ?*

L'écriture

Finalement, malgré l'introduction d'un bref dialogue entre la petite fille et son père, le récit conserve son rythme et le monologue intérieur redevient la règle. Le journal secret se poursuit. De plus en plus, l'écriture fonctionne à la manière d'un miroir sans tain, qui ne renvoie plus d'image qu'au seul lecteur. Le condamné semble se replier totalement sur lui-même. Tout enjeu social est abandonné. Son journal est le dernier interlocuteur qu'il juge digne de lui.

XLV

Tout ce peuple rira, battra des mains, applaudira. Et parmi tous ces hommes, libres et inconnus des geôliers, qui courent pleins de joie à une exécution, dans cette foule de têtes qui couvrira la place, il y aura plus
5 d'une tête prédestinée qui suivra la mienne tôt ou tard dans le panier rouge. Plus d'un qui y vient pour moi y viendra pour soi.

Pour ces êtres fatals il y a sur un certain point de la place de Grève• un lieu fatal, un centre d'attraction, un
10 piège. Ils tournent autour jusqu'à ce qu'ils y soient.

XLVI

Ma petite Marie! – On l'a remmenée jouer; elle regarde la foule par la portière du fiacre[1], et ne pense déjà plus à ce *monsieur*.

Peut-être aurais-je encore le temps d'écrire quelques
5 pages pour elle, afin qu'elle les lise un jour, et qu'elle pleure dans quinze ans pour aujourd'hui.

Oui, il faut qu'elle sache par moi mon histoire, et pourquoi le nom que je lui laisse est sanglant.

XLVII

MON HISTOIRE
Note de l'éditeur. – On n'a pu encore retrouver les feuillets qui se rattachaient à celui-ci. Peut-être, comme ceux qui suivent semblent l'indiquer, le condamné n'a-
5 t-il pas eu le temps de les écrire. Il était tard quand cette pensée lui est venue.

---

1. *fiacre* : voiture à cheval que l'on prend pour un prix fixé à la course ou à l'heure.

114

XLVIII

D'une chambre de l'hôtel de ville.

De l'hôtel de ville !... – Ainsi j'y suis. Le trajet exécrable est fait. La place est là, et au-dessous de la fenêtre l'horrible peuple qui aboie, et m'attend, et rit.

J'ai eu beau me roidir, beau me crisper, le cœur m'a failli. Quand j'ai vu au-dessus des têtes ces deux bras rouges, avec leur triangle noir au bout, dressés entre les deux lanternes du quai, le cœur m'a failli. J'ai demandé à faire une dernière déclaration. On m'a déposé ici, et l'on est allé chercher quelque procureur du roi. Je l'attends, c'est toujours cela de gagné.

Voici :

Trois heures sonnaient, on est venu m'avertir qu'il était temps. J'ai tremblé, comme si j'eusse pensé à autre chose depuis six heures, depuis six semaines, depuis six mois. Cela m'a fait l'effet de quelque chose d'inattendu.

Ils m'ont fait traverser leurs corridors et descendre leurs escaliers. Ils m'ont poussé entre deux guichets du rez-de-chaussée, salle sombre, étroite, voûtée, à peine éclairée d'un jour de pluie et de brouillard. Une chaise était au milieu. Ils m'ont dit de m'asseoir ; je me suis assis.

Il y avait près de la porte et le long des murs quelques personnes debout, outre le prêtre et les gendarmes, et il y avait aussi trois hommes.

Le premier, le plus grand, le plus vieux, était gras et avait la face rouge. Il portait une redingote et un chapeau à trois cornes déformés. C'était lui.

C'était le bourreau, le valet de la guillotine. Les deux autres étaient ses valets, à lui.

À peine assis, les deux autres se sont approchés de moi, par derrière, comme des chats ; puis tout à coup j'ai senti un froid d'acier dans mes cheveux, et les ciseaux ont grincé à mes oreilles.

Mes cheveux, coupés au hasard, tombaient par mèches sur mes épaules, et l'homme au chapeau à trois cornes les époussetait doucement avec sa grosse main.

40 Autour, on parlait à voix basse.

Il y avait un grand bruit au-dehors, comme un frémissement qui ondulait dans l'air. J'ai cru d'abord que c'était la rivière ; mais, à des rires qui éclataient, j'ai reconnu que c'était la foule.

45 Un jeune homme, près de la fenêtre, qui écrivait, avec un crayon, sur un portefeuille, a demandé à un des guichetiers comment s'appelait ce qu'on faisait là.

– La toilette du condamné, a répondu l'autre.

J'ai compris que cela serait demain dans le journal.

50 Tout à coup l'un des valets m'a enlevé ma veste, et l'autre a pris mes deux mains qui pendaient, les a ramenées derrière mon dos, et j'ai senti les nœuds d'une corde se rouler lentement autour de mes poignets rapprochés. En même temps, l'autre détachait ma cravate. Ma che-
55 mise de batiste[1], seul lambeau qui me restât du moi d'autrefois, l'a fait en quelque sorte hésiter un moment ; puis il s'est mis à en couper le col.

À cette précaution horrible, au saisissement de l'acier qui touchait mon cou, mes coudes ont tressailli, et j'ai
60 laissé échapper un rugissement étouffé. La main de l'exécuteur a tremblé.

– Monsieur, m'a-t-il dit, pardon ! Est-ce que je vous ai fait mal ?

Ces bourreaux sont des hommes très doux.

65 La foule hurlait plus haut au-dehors.

Le gros homme au visage bourgeonné m'a offert à respirer un mouchoir imbibé de vinaigre.

– Merci, lui ai-je dit de la voix la plus forte que j'ai pu, c'est inutile ; je me trouve bien.

70 Alors l'un d'eux s'est baissé et m'a lié les deux pieds, au moyen d'une corde fine et lâche, qui ne me laissait

---

1. *chemise de batiste* : chemise coupée dans une fine toile de lin.

à faire que de petits pas. Cette corde est venue se ratta-
cher à celle de mes mains.

Puis le gros homme a jeté la veste sur mon dos, et a
75 noué les manches ensemble sous mon menton. Ce qu'il
y avait à faire là était fait.

Alors le prêtre s'est approché avec son crucifix.

– Allons, mon fils, m'a-t-il dit.

Les valets m'ont pris sous les aisselles. Je me suis
80 levé, j'ai marché. Mes pas étaient mous et fléchissaient
comme si j'avais eu deux genoux à chaque jambe.

En ce moment la porte extérieure s'est ouverte à
deux battants. Une clameur furieuse et l'air froid et la
lumière blanche ont fait irruption jusqu'à moi dans
85 l'ombre. Du fond du sombre guichet, j'ai vu brusquement tout à la fois, à travers la pluie, les mille têtes
hurlantes du peuple entassées pêle-mêle sur la rampe
du grand escalier du Palais ; à droite, de plain-pied
avec le seuil, un rang de chevaux de gendarmes, dont
90 la porte basse ne me découvrait que les pieds de
devant et les poitrails ; en face, un détachement de soldats en bataille ; à gauche, l'arrière d'une charrette,
auquel s'appuyait une roide échelle. Tableau hideux,
bien encadré dans une porte de prison.

95 C'est pour ce moment redouté que j'avais gardé mon
courage. J'ai fait trois pas, et j'ai paru sur le seuil du
guichet.

– Le voilà ! le voilà ! a crié la foule. Il sort ! enfin !

Et les plus près de moi battaient des mains. Si fort
100 qu'on aime un roi, ce serait moins de fête.

C'était une charrette ordinaire, avec un cheval
étique[1], et un charretier en sarrau• bleu à dessins
rouges, comme ceux des maraîchers des environs de
Bicêtre.

105 Le gros homme en chapeau à trois cornes est monté
le premier.

---

1. *un cheval étique* : un cheval d'une extrême maigreur.

— Bonjour, monsieur Samson•! criaient des enfants pendus à des grilles.

Un valet l'a suivi.

110 — Bravo, Mardi! ont crié de nouveau les enfants.

Ils se sont assis tous deux sur la banquette de devant. C'était mon tour. J'ai monté d'une allure assez ferme.

— Il va bien! a dit une femme à côté des gendarmes.

Cet atroce éloge m'a donné du courage. Le prêtre est
115 venu se placer auprès de moi. On m'avait assis sur la banquette de derrière, le dos tourné au cheval. J'ai frémi de cette dernière attention.

Ils mettent de l'humanité là-dedans.

J'ai voulu regarder autour de moi. Gendarmes
120 devant, gendarmes derrière; puis de la foule, de la foule, et de la foule; une mer de têtes sur la place.

Un piquet• de gendarmerie à cheval m'attendait à la porte de la grille du Palais.

L'officier a donné l'ordre. La charrette et son cortège
125 se sont mis en mouvement, comme poussés en avant par un hurlement de la populace.

On a franchi la grille. Au moment où la charrette a tourné vers le Pont-au-Change, la place a éclaté en bruit, du pavé aux toits, et les ponts et les quais ont
130 répondu à faire un tremblement de terre.

C'est là que le piquet qui attendait s'est rallié à l'escorte.

— Chapeaux bas! chapeaux bas! criaient mille bouches ensemble. — Comme pour le roi.

135 Alors j'ai ri horriblement aussi, moi, et j'ai dit au prêtre :

— Eux les chapeaux, moi la tête.

On allait au pas.

Le quai aux Fleurs embaumait; c'est jour de marché.
140 Les marchandes ont quitté leurs bouquets pour moi.

Vis-à-vis, un peu avant la tour carrée qui fait le coin du Palais, il y a des cabarets, dont les entresols étaient pleins de spectateurs heureux de leurs belles places. Surtout des femmes. La journée doit être bonne pour
145 les cabaretiers.

On louait des tables, des chaises, des échafaudages, des charrettes. Tout pliait de spectateurs. Des marchands de sang humain criaient à tue-tête :

– Qui veut des places ?

150 Une rage m'a pris contre ce peuple. J'ai eu envie de leur crier :

– Qui veut la mienne ?

Cependant la charrette avançait. À chaque pas qu'elle faisait, la foule se démolissait derrière elle, et je 155 la voyais de mes yeux égarés qui s'allait reformer plus loin sur d'autres points de mon passage.

En entrant sur le Pont-au-Change, j'ai par hasard jeté les yeux à ma droite en arrière. Mon regard s'est arrêté sur l'autre quai, au-dessus des maisons, à une tour 160 noire, isolée, hérissée de sculptures, au sommet de laquelle je voyais deux monstres de pierre assis de profil. Je ne sais pourquoi j'ai demandé au prêtre ce que c'était que cette tour.

– Saint-Jacques-la-Boucherie, a répondu le bourreau.

165 J'ignore comment cela se faisait ; dans la brume, et malgré la pluie fine et blanche qui rayait l'air comme un réseau de fils d'araignée, rien de ce qui se passait autour de moi ne m'a échappé. Chacun de ces détails m'apportait sa torture. Les mots manquent aux émo-170 tions.

Vers le milieu de ce Pont-au-Change, si large et si encombré que nous cheminions à grand'peine, l'horreur m'a pris violemment. J'ai craint de défaillir, dernière vanité ! Alors je me suis étourdi moi-même pour 175 être aveugle et pour être sourd à tout, excepté au prêtre, dont j'entendais à peine les paroles, entrecoupées de rumeurs.

J'ai pris le crucifix et je l'ai baisé.

– Ayez pitié de moi, ai-je dit, ô mon Dieu ! – Et j'ai 180 tâché de m'abîmer dans cette pensée.

Mais chaque cahot de la dure charrette me secouait. Puis tout à coup je me suis senti un grand froid. La pluie avait traversé mes vêtements, et mouillait la peau de ma tête à travers mes cheveux coupés et courts.

185 — Vous tremblez de froid, mon fils ? m'a demandé le prêtre.

— Oui, ai-je répondu.

Hélas ! pas seulement de froid.

Au détour du pont, des femmes m'ont plaint d'être
190 si jeune.

Nous avons pris le fatal quai. Je commençais à ne plus voir, à ne plus entendre. Toutes ces voix, toutes ces têtes aux fenêtres, aux portes, aux grilles des boutiques, aux branches des lanternes ; ces spectateurs
195 avides et cruels ; cette foule où tous me connaissent et où je ne connais personne ; cette route pavée et murée de visages humains... J'étais ivre, stupide, insensé. C'est une chose insupportable que le poids de tant de regards appuyés sur vous.

200 Je vacillais donc sur le banc, ne prêtant même plus d'attention au prêtre et au crucifix.

Dans le tumulte qui m'enveloppait, je ne distinguais plus les cris de pitié des cris de joie, les rires des plaintes, les voix du bruit ; tout cela était une rumeur
205 qui résonnait dans ma tête comme dans un écho de cuivre.

Mes yeux lisaient machinalement les enseignes des boutiques.

Une fois, l'étrange curiosité me prit de tourner la tête
210 et de regarder vers quoi j'avançais. C'était une dernière bravade de l'intelligence. Mais le corps ne voulut pas ; ma nuque resta paralysée et d'avance comme morte.

J'entrevis seulement de côté, à ma gauche, au-delà de la rivière, la tour de Notre-Dame, qui, vue de là,
215 cache l'autre. C'est celle où est le drapeau. Il y avait beaucoup de monde, et qui devait bien voir.

Et la charrette allait, allait, et les boutiques passaient, et les enseignes se succédaient, écrites, peintes, dorées, et la populace riait et trépignait dans la boue, et je me
220 laissais aller, comme à leurs rêves ceux qui sont endormis.

Tout à coup la série des boutiques qui occupait mes yeux s'est coupée à l'angle d'une place ; la voix de la foule

est devenue plus vaste, plus glapissante, plus joyeuse
225 encore ; la charrette s'est arrêtée subitement, et j'ai failli
tomber la face sur les planches. Le prêtre m'a soutenu.
– Courage ! a-t-il murmuré. – Alors on a apporté une
échelle à l'arrière de la charrette ; il m'a donné le bras,
je suis descendu, puis j'ai fait un pas, puis je me suis
230 retourné pour en faire un autre, et je n'ai pu. Entre les
deux lanternes du quai, j'avais vu une chose sinistre.
Oh ! c'était la réalité !
Je me suis arrêté, comme chancelant déjà du coup.
– J'ai une dernière déclaration à faire ! ai-je crié fai-
235 blement.
On m'a monté ici.
J'ai demandé qu'on me laissât écrire mes dernières
volontés. Ils m'ont délié les mains, mais la corde est ici,
toute prête, et le reste est en bas.

XLIX

Un juge, un commissaire, un magistrat, je ne sais de
quelle espèce, vient de venir. Je lui ai demandé ma
grâce en joignant les deux mains et en me traînant sur
les deux genoux. Il m'a répondu, en souriant fatale-
5 ment, si c'est là tout ce que j'avais à lui dire.
– Ma grâce ! ma grâce ! ai-je répété, ou, par pitié,
cinq minutes encore !
Qui sait ? elle viendra peut-être ! Cela est si horrible,
à mon âge, de mourir ainsi ! Des grâces qui arrivent au
10 dernier moment, on l'a vu souvent. Et à qui fera-t-on
grâce, monsieur, si ce n'est à moi ?
Cet exécrable bourreau ! il s'est approché du juge
pour lui dire que l'exécution devait être faite à une
certaine heure, que cette heure approchait, qu'il était
15 responsable, que d'ailleurs il pleut, et que cela risque
de se rouiller.
– Eh, par pitié ! une minute pour attendre ma grâce !
ou je me défends ! je mords !

Le juge et le bourreau sont sortis. Je suis seul. – Seul
20 avec deux gendarmes.

Oh! l'horrible peuple avec ses cris d'hyène! – Qui
sait si je ne lui échapperai pas? si je ne serai pas
sauvé? si ma grâce?... Il est impossible qu'on ne me
fasse pas grâce!

25 Ah! les misérables! il me semble qu'on monte l'escalier...

QUATRE HEURES.

Compréhension

1. *Pourquoi le récit du crime du condamné n'est-il pas inclus dans le roman ?*

2. *En quoi la fin du récit paraît-elle de moins en moins vraisemblable ?*

3. *Quelle est la profession du jeune homme qui écrit près de la fenêtre ?*

4. *Comment apparaît la foule à travers la description du condamné ? Montrez l'ambiguïté de cette description.*

5. *Relevez les indices qui prouvent que le condamné n'a pas obtenu sa grâce.*

Écriture

6. *Quelles sont les deux spécificités du chapitre XLVII ?*

7. *Commentez le titre du chapitre XLVII.*

8. *Relevez des traits d'ironie dans le chapitre XLVIII.*

9. *Relevez tous les bruits qui font de cette marche vers la mort un véritable tintamarre.*

10. *De sa première rencontre avec la peine de mort, Victor Hugo donne une idée dans* Choses vues. *Il s'agit de la vision de Louvel allant à l'échafaud :* « Il faisait un beau soleil. Louvel était dans une charrette, les bras liés derrière le dos, une redingote bleue jetée derrière les épaules, un chapeau rond sur la tête. Il était pâle. Je le vis de profil. Toute sa physionomie respirait une sorte de férocité grave et de fermeté violente. Il avait quelque chose de sévère et de froid. » *Quelles sont les différences de fond et de forme avec le récit du* Dernier Jour d'un condamné *?*

11. *Quel substantif, situé à la fin du récit, deviendra le titre d'un roman célèbre de Victor Hugo ? Expliquez le sens pris ici par ce substantif.*

Bilan

Le personnage et l'écriture

- *Nous ne saurons décidément pas pourquoi le personnage a été condamné à mort. La lettre de Victor Hugo à Charles Gosselin et la préface de 1832 sont très claires à cet égard : la protestation contre la peine de mort ne doit pas être motivée par la situation personnelle du condamné, puisque la volonté de l'auteur est d'écrire un plaidoyer général contre la peine de mort. Chacun est donc libre d'imaginer le crime commis par le personnage, qui reste anonyme et peu sympathique jusqu'à la fin du récit.*
- *Devant l'échafaud, le condamné manifeste même ouvertement sa peur, qui sert encore la démonstration de Victor Hugo. Il ne s'agit ni d'un innocent, ni d'un héros, mais d'un homme ordinaire, qui pourrait être n'importe qui.*
- *Quant à l'écriture, elle reste ironique jusqu'au bout. La dérision, semble nous dire le texte, est l'ultime recours du condamné à mort.*

AVERTISSEMENT
À PROPOS DE LA PRÉFACE DE 1832

La première édition du *Dernier Jour d'un condamné* fut publiée en 1829, sans nom d'auteur et sans aucun texte introductif. Victor Hugo semblait considérer que le récit parlait de lui-même en faveur de l'abolition de la peine de mort.

Pourtant, dès la troisième édition, un dialogue ironique, intitulé « Une comédie à propos d'une tragédie », vint éclairer la réception de l'œuvre par le public : Hugo y mettait en scène des personnages conventionnels et dérisoires qui présentaient *Le Dernier Jour d'un condamné* comme un livre « dangereux », parce qu'ils refusaient d'envisager le problème de la peine capitale autrement que du point de vue étroit de leur confort social.

Plus tard encore, en 1832, Hugo composa en guise de préface un vigoureux plaidoyer contre la peine de mort qui accompagna désormais, du vivant de l'auteur, toutes les éditions du *Dernier Jour d'un condamné*. C'est cette préface que nous reproduisons ici dans son intégralité, d'abord pour respecter le vœu de Victor Hugo, mais aussi parce qu'elle fournit de précieux renseignements sur l'histoire de l'œuvre.

PRÉFACE DE 1832

Il n'y avait en tête des premières éditions de cet ouvrage, publié d'abord sans nom d'auteur, que les quelques lignes qu'on va lire :

« Il y a deux manières de se rendre compte de l'existence de ce
5 *livre. Ou il y a eu, en effet, une liasse de papiers jaunes et inégaux sur lesquels on a trouvé, enregistrées une à une, les dernières pensées d'un misérable ; ou il s'est rencontré un homme, un rêveur occupé à observer la nature au profit de l'art, un philosophe, un poëte, que sais-je ? dont cette idée a été la fantaisie, qui l'a prise ou*
10 *plutôt s'est laissé prendre par elle, et n'a pu s'en débarrasser qu'en la jetant dans un livre.*

De ces deux explications, le lecteur choisira celle qu'il voudra. »

Comme on le voit, à l'époque où ce livre fut publié, l'auteur ne jugea pas à propos de dire dès lors toute sa pensée. Il aima
15 mieux attendre qu'elle fût comprise et voir si elle le serait. Elle l'a été. L'auteur aujourd'hui peut démasquer l'idée politique, l'idée sociale, qu'il avait voulu populariser sous cette innocente et candide forme littéraire. Il déclare donc, ou plutôt il avoue hautement que *Le Dernier Jour d'un condamné* n'est autre chose
20 qu'un plaidoyer, direct ou indirect, comme on voudra, pour l'abolition de la peine de mort. Ce qu'il a eu dessein de faire, ce qu'il voudrait que la postérité vît dans son œuvre, si jamais elle s'occupe de si peu, ce n'est pas la défense spéciale, et toujours facile, et toujours transitoire, de tel ou tel criminel choisi, de tel
25 ou tel accusé d'élection ; c'est la plaidoirie générale et permanente pour tous les accusés présents et à venir ; c'est le grand point de droit de l'humanité allégué et plaidé à toute voix devant la société, qui est la grande Cour de cassation ; c'est cette suprême fin de non-recevoir, *abhorrescere a sanguine*[1], construite
30 à tout jamais en avant de tous les procès criminels ; c'est la sombre et fatale question qui palpite obscurément au fond de toutes les causes capitales sous les triples épaisseurs de pathos[2] dont l'enveloppe la rhétorique sanglante des gens du roi ; c'est la question de vie et de mort, dis-je, déshabillée, dénudée,
35 dépouillée des entortillages sonores du parquet, brutalement mise au jour, et posée où il faut qu'on la voie, où il faut qu'elle soit, où elle est réellement, dans son vrai milieu, dans son milieu horrible, non au tribunal, mais à l'échafaud, non chez le juge, mais chez le bourreau.

---

1. abhorrescere a sanguine : « avoir horreur du sang ».
2. *pathos* : mouvement pathétique qui paraît déplacé dans un discours donné.

40   Voilà ce qu'il a voulu faire. Si l'avenir lui décernait un jour la
gloire de l'avoir fait, ce qu'il n'ose espérer, il ne voudrait pas
d'autre couronne.

Il le déclare donc, et il le répète, il occupe, au nom de tous
les accusés possibles, innocents ou coupables, devant toutes les
45   cours, tous les prétoires, tous les jurys, toutes les justices. Ce
livre est adressé à quiconque juge. Et pour que le plaidoyer soit
aussi vaste que la cause, il a dû, et c'est pour cela que *Le Dernier
Jour d'un condamné* est ainsi fait, élaguer de toutes parts dans
son sujet le contingent, l'accident, le particulier, le spécial, le
50   relatif, le modifiable, l'épisode, l'anecdote, l'événement, le nom
propre, et se borner (si c'est là se borner) à plaider la cause d'un
condamné quelconque, exécuté un jour quelconque, pour un
crime quelconque. Heureux si, sans autre outil que sa pensée, il
a fouillé assez avant pour faire saigner un cœur sous l'*æs triplex*[1]
55   du magistrat ! heureux s'il a rendu pitoyables ceux qui se croient
justes ! heureux si, à force de creuser dans le juge, il a réussi
quelquefois à y retrouver un homme !

Il y a trois ans, quand ce livre parut, quelques personnes
imaginèrent que cela valait la peine d'en contester l'idée à l'au-
60   teur. Les uns supposèrent un livre anglais, les autres un livre
américain. Singulière manie de chercher à mille lieues les ori-
gines des choses, et de faire couler des sources du Nil le ruisseau qui lave votre rue ! Hélas ! il n'y a en ceci ni livre anglais, ni
livre américain, ni livre chinois. L'auteur a pris l'idée du *Dernier
65   Jour d'un condamné*, non dans un livre, il n'a pas l'habitude
d'aller chercher ses idées si loin, mais là où vous pouviez tous la
prendre, où vous l'avez prise peut-être (car qui n'a fait ou rêvé
dans son esprit *Le Dernier Jour d'un condamné* ?), tout bonne-
ment sur la place publique, sur la place de Grève[*]. C'est là
70   qu'un jour en passant il a ramassé cette idée fatale, gisante dans
une mare de sang sous les rouges moignons de la guillotine.

Depuis, chaque fois qu'au gré des funèbres jeudis de la Cour
de cassation, il arrivait un de ces jours où le cri d'un arrêt de
mort se fait dans Paris, chaque fois que l'auteur entendait passer
75   sous ses fenêtres ces hurlements enroués qui ameutent des spectateurs pour la Grève, chaque fois, la douloureuse idée lui reve-
nait, s'emparait de lui, lui emplissait la tête de gendarmes, de
bourreaux et de foule, lui expliquait heure par heure les dernières souffrances du misérable agonisant, – en ce moment on le
80   confesse, en ce moment on lui coupe les cheveux, en ce
moment on lui lie les mains, – le sommait, lui pauvre poëte, de

---

1. æs triplex : « le triple airain », la triple armure, le bouclier.

dire tout cela à la société, qui fait ses affaires pendant que cette chose monstrueuse s'accomplit, le pressait, le poussait, le secouait, lui arrachait ses vers de l'esprit, s'il était en train d'en
85 faire, et les tuait à peine ébauchés, barrait tous ses travaux, se mettait en travers de tout, l'investissait, l'obsédait, l'assiégeait. C'était un supplice, un supplice qui commençait avec le jour, et qui durait, comme celui du misérable qu'on torturait au même moment, jusqu'à *quatre heures*. Alors seulement, une fois le
90 *ponens caput expiravit*[1]crié par la voix sinistre de l'horloge, l'auteur respirait et retrouvait quelque liberté d'esprit. Un jour enfin, c'était, à ce qu'il croit, le lendemain de l'exécution d'Ulbach•, il se mit à écrire ce livre. Depuis lors il a été soulagé. Quand un de ces crimes publics, qu'on nomme exécutions judi-
95 ciaires, a été commis, sa conscience lui a dit qu'il n'en était plus solidaire ; et il n'a plus senti à son front cette goutte de sang qui rejaillit de la Grève• sur la tête de tous les membres de la communauté sociale.

Toutefois, cela ne suffit pas. Se laver les mains est bien, empê-
100 cher le sang de couler serait mieux.

Aussi ne connaîtrait-il pas de but plus élevé, plus saint, plus auguste que celui-là : concourir à l'abolition de la peine de mort. Aussi est-ce du fond du cœur qu'il adhère aux vœux et aux efforts des hommes généreux de toutes les nations qui tra-
105 vaillent depuis plusieurs années à jeter bas l'arbre patibulaire[2], le seul arbre que les révolutions ne déracinent pas. C'est avec joie qu'il vient à son tour, lui chétif, donner son coup de cognée, et élargir de son mieux l'entaille que Beccaria• a faite, il y a soixante-six ans, au vieux gibet dressé depuis tant de siècles
110 sur la chrétienté.

Nous venons de dire que l'échafaud est le seul édifice que les révolutions ne démolissent pas. Il est rare, en effet, que les révolutions soient sobres de sang humain, et, venues qu'elles sont pour émonder, pour ébrancher, pour étêter la société, la
115 peine de mort est une des serpes dont elles se dessaisissent le plus malaisément.

Nous l'avouerons cependant, si jamais révolution nous parut digne et capable d'abolir la peine de mort, c'est la révolution de Juillet. Il semble, en effet, qu'il appartenait au mouvement

---

1. ponens caput expiravit : « déposant la tête, il expira ». Il s'agit d'une allusion à un passage des Évangiles dans lequel on lit : « *inclinant la tête, il* [le Christ] *expira* ». Hugo fait ici un jeu de mot macabre (la tête du condamné est « déposée », en effet, par l'action de la guillotine).
2. *l'arbre patibulaire* : le gibet, la potence.

120 populaire le plus clément des temps modernes de raturer la
pénalité barbare de Louis XI, de Richelieu et de Robespierre, et
d'inscrire au front de la loi l'inviolabilité de la vie humaine.
1830 méritait de briser le couperet de 93.

Nous l'avons espéré un moment. En août 1830, il y avait tant de
125 générosité et de pitié dans l'air, un tel esprit de douceur et de civilisation flottait dans les masses, on se sentait le cœur si bien épanoui
par l'approche d'un bel avenir, qu'il nous sembla que la peine de
mort était abolie de droit, d'emblée, d'un consentement tacite et
unanime, comme le reste des choses mauvaises qui nous avaient
130 gênés. Le peuple venait de faire un feu de joie des guenilles de l'Ancien Régime. Celle-là était la guenille sanglante. Nous la crûmes
dans le tas. Nous la crûmes brûlée comme les autres. Et pendant
quelques semaines, confiant et crédule, nous eûmes foi pour l'avenir à l'inviolabilité de la vie comme à l'inviolabilité de la liberté.

135 Et en effet deux mois s'étaient à peine écoulés qu'une tentative fut faite pour résoudre en réalité légale l'utopie sublime de
Cesar Bonesana[•].

Malheureusement, cette tentative fut gauche, maladroite,
presque hypocrite, et faite dans un autre intérêt que l'intérêt
140 général.

Au mois d'octobre 1830, on se le rappelle, quelques jours
après avoir écarté par l'ordre du jour la proposition d'ensevelir
Napoléon sous la colonne, la Chambre tout entière se mit à
pleurer et à bramer. La question de la peine de mort fut mise
145 sur le tapis, nous allons dire quelques lignes plus bas à quelle
occasion ; et alors il sembla que toutes ces entrailles de législa-
teurs étaient prises d'une subite et merveilleuse miséricorde. Ce
fut à qui parlerait, à qui gémirait, à qui lèverait les mains au
ciel. La peine de mort, grand Dieu ! quelle horreur ! Tel vieux
150 procureur général, blanchi dans la robe rouge, qui avait mangé
toute sa vie le pain trempé de sang des réquisitoires, se composa
tout à coup un air piteux et attesta les dieux qu'il était indigné
de la guillotine. Pendant deux jours la tribune ne désemplit pas
de harangueurs en pleureuses. Ce fut une lamentation, une
155 myriologie[1], un concert de psaumes lugubres, un *Super flumina
Babylonis*[2], un *Stabat mater dolorosa*[3], une grande symphonie en

---

1. *myriologie* : il s'agit d'un rituel funèbre de la Grèce antique.
2. Super flumina Babylonis : nom d'un psaume qui chante les souffrances du
peuple élu exilé à Babylone.
3. Stabat mater dolorosa : nom d'un texte de la liturgie catholique dont le
début est particulièrement triste (« *La mère du Christ, navrée, se tenait debout, à
côté de la Croix, tout en pleurs...* »).

ut, avec chœurs, exécutée par tout cet orchestre d'orateurs qui
garnit les premiers bancs de la Chambre, et rend de si beaux
sons dans les grands jours. Tel vint avec sa basse, tel avec son
160 fausset[1]. Rien n'y manqua. La chose fut on ne peut plus pathétique et pitoyable. La séance de nuit surtout fut tendre, paterne
et déchirante comme un cinquième acte de Lachaussée[2]. Le bon
public, qui n'y comprenait rien, avait les larmes aux yeux*.
De quoi s'agissait-il donc? d'abolir la peine de mort?
165 Oui et non.
Voici le fait:
Quatre hommes du monde[3], quatre hommes comme il faut,
de ces hommes qu'on a pu rencontrer dans un salon, et avec
qui peut-être on a échangé quelques paroles polies; quatre de
170 ces hommes, dis-je, avaient tenté, dans les hautes régions politiques, un de ces coups hardis que Bacon appelle crimes, et que
Machiavel appelle entreprises. Or, crime ou entreprise, la loi,
brutale pour tous, punit cela de mort. Et les quatre malheureux
étaient là, prisonniers, captifs de la loi, gardés par trois cents
175 cocardes tricolores sous les belles ogives de Vincennes. Que faire
et comment faire? Vous comprenez qu'il est impossible d'envoyer à la Grève•, dans une charrette, ignoblement liés avec de
grosses cordes, dos à dos avec ce fonctionnaire qu'il ne faut pas
seulement nommer, quatre hommes comme vous et moi, quatre
180 *hommes du monde*? Encore s'il y avait une guillotine en acajou!
Hé! il n'y a qu'à abolir la peine de mort!
Et là-dessus, la Chambre se met en besogne.
Remarquez, messieurs, qu'hier encore vous traitiez cette abolition d'utopie, de théorie, de rêve, de folie, de poésie. Remar-
185 quez que ce n'est pas la première fois qu'on cherche à appeler

---

1. *son fausset*: sa voix aiguë.
2. *Lachaussée*: Pierre Nivelle de Lachaussée (1692-1754) est connu comme le
créateur du drame bourgeois. Ses pièces vantent essentiellement les vertus du
mariage, de la famille et de la probité.
* Nous ne prétendons pas envelopper dans le même dédain tout ce qui a été
dit à cette occasion à la Chambre. Il s'est bien prononcé çà et là quelques belles
et dignes paroles. Nous avons applaudi, comme tout le monde, au discours
grave et simple de M. de Lafayette et, dans une autre nuance, à la remarquable
improvisation de M. Villemain. [Note de Victor Hugo.]
3. *Quatre hommes du monde*: il s'agit de Polignac, Peyronnet, Chantelauze et
Guernon-Ranville, les quatre ministres de Charles X à qui l'on reprocha la
promulgation des ordonnances du 25 juillet 1830 (sorte de coup d'État qui
entraîna la révolution de Juillet). Après leur mise en accusation, en septembre
1831, la droite, pour les sauver, proposa l'abrogation de la peine capitale dans
les affaires politiques. Ils furent finalement condamnés à la prison à perpétuité.

votre attention sur la charrette, sur les grosses cordes et sur l'horrible machine écarlate, et qu'il est étrange que ce hideux attirail vous saute ainsi aux yeux tout à coup.

Bah! c'est bien de cela qu'il s'agit! Ce n'est pas à cause de
190 vous, peuple, que nous abolissons la peine de mort, mais à cause de nous, députés qui pouvons être ministres. Nous ne voulons pas que la mécanique de Guillotin• morde les hautes classes. Nous la brisons. Tant mieux si cela arrange tout le monde, mais nous n'avons songé qu'à nous. Ucalégon brûle[1].
195 Éteignons le feu. Vite, supprimons le bourreau, biffons le Code.

Et c'est ainsi qu'un alliage d'égoïsme altère et dénature les plus belles combinaisons sociales. C'est la veine noire dans le marbre blanc; elle circule partout, et apparaît à tout moment à l'improviste sous le ciseau. Votre statue est à refaire.
200 Certes, il n'est pas besoin que nous le déclarions ici, nous ne sommes pas de ceux qui réclamaient les têtes des quatre ministres. Une fois ces infortunés arrêtés, la colère indignée que nous avait inspirée leur attentat s'est changée, chez nous comme chez tout le monde, en une profonde pitié. Nous avons songé
205 aux préjugés d'éducation de quelques-uns d'entre eux, au cerveau peu développé de leur chef[2], relaps fanatique et obstiné des conspirations de 1804, blanchi avant l'âge sous l'ombre humide des prisons d'État, aux nécessités fatales de leur position commune, à l'impossibilité d'enrayer sur cette pente rapide où
210 la monarchie s'était lancée elle-même à toute bride le 8 août 1829, à l'influence trop peu calculée par nous jusqu'alors de la personne royale, surtout à la dignité que l'un d'entre eux répandait comme un manteau de pourpre sur leur malheur. Nous sommes de ceux qui leur souhaitaient bien sincèrement la vie
215 sauve, et qui étaient prêts à se dévouer pour cela. Si jamais, par impossible, leur échafaud eût été dressé un jour en Grève•, nous ne doutons pas, et si c'est une illusion nous voulons la conserver, nous ne doutons pas qu'il n'y eût eu une émeute pour le renverser, et celui qui écrit ces lignes eût été de cette sainte
220 émeute. Car, il faut bien le dire aussi, dans les crises sociales, de tous les échafauds, l'échafaud politique est le plus abominable, le plus funeste, le plus vénéneux, le plus nécessaire à extirper.

---

1. *Ucalégon brûle* : allusion à Virgile. On lit en effet dans l'*Énéide* (II, 311), au moment de l'incendie de Troie : «*déjà brûle la maison la plus proche, celle d'Ucalégon*» (sous-entendu : sa maison étant la plus proche, chacun se sent concerné par le danger).
2. *leur chef* : il s'agit du prince de Polignac.

Cette espèce de guillotine-là prend racine dans le pavé, et en peu de temps repousse de bouture sur tous les points du sol.

225 En temps de révolution, prenez garde à la première tête qui tombe. Elle met le peuple en appétit.

Nous étions donc personnellement d'accord avec ceux qui voulaient épargner les quatre ministres, et d'accord de toutes manières, par les raisons sentimentales comme par les raisons

230 politiques. Seulement, nous eussions mieux aimé que la Chambre choisît une autre occasion pour proposer l'abolition de la peine de mort.

Si on l'avait proposée, cette souhaitable abolition, non à propos de quatre ministres tombés des Tuileries à Vincennes, mais à

235 propos du premier voleur de grands chemins venu, à propos d'un de ces misérables que vous regardez à peine quand ils passent près de vous dans la rue, auxquels vous ne parlez pas, dont vous évitez instinctivement le coudoiement poudreux ; malheureux dont l'enfance déguenillée a couru pieds nus dans

240 la boue des carrefours, grelottant l'hiver au rebord des quais, se chauffant au soupirail des cuisines de M. Véfour chez qui vous dînez, déterrant çà et là une croûte de pain dans un tas d'ordures et l'essuyant avant de la manger, grattant tout le jour le ruisseau avec un clou pour y trouver un liard, n'ayant d'autre

245 amusement que le spectacle gratis de la fête du roi et les exécutions en Grève•, cet autre spectacle gratis ; pauvres diables, que la faim pousse au vol, et le vol au reste ; enfants déshérités d'une société marâtre, que la maison de force prend à douze ans, le bagne à dix-huit, l'échafaud à quarante ; infortunés qu'a-

250 vec une école et un atelier vous auriez pu rendre bons, moraux, utiles, et dont vous ne savez que faire, les versant, comme un fardeau inutile, tantôt dans la rouge fourmilière de Toulon•, tantôt dans le muet enclos de Clamart•, leur retranchant la vie après leur avoir volé la liberté ; si c'eût été à propos d'un de ces

255 hommes que vous eussiez proposé d'abolir la peine de mort, oh ! alors, votre séance eût été vraiment digne, grande, sainte, majestueuse, vénérable. Depuis les augustes pères de Trente [1], invitant les hérétiques au concile au nom des entrailles de Dieu, *per viscera Dei*, parce qu'on espère leur conversion, *quoniam*

260 *sancta synodus sperat hæreticorum conversionem*, jamais assemblée d'hommes n'aurait présenté au monde spectacle plus sublime, plus illustre et plus miséricordieux. Il a toujours appartenu à

1. *Concile de Trente* : concile provoqué par le pape Paul III à la demande de Charles Quint entre 1545 et 1563 pour faire face aux progrès de la Réforme protestante et examiner les points fondamentaux de la doctrine catholique.

ceux qui sont vraiment forts et vraiment grands d'avoir souci du faible et du petit. Un conseil de brahmines[1] serait beau prenant
265 en main la cause du paria. Et ici, la cause du paria, c'était la cause du peuple. En abolissant la peine de mort, à cause de lui et sans attendre que vous fussiez intéressés dans la question, vous faisiez plus qu'une œuvre politique, vous faisiez une œuvre sociale.
270 Tandis que vous n'avez pas même fait une œuvre politique en essayant de l'abolir, non pour l'abolir, mais pour sauver quatre malheureux ministres pris la main dans le sac des coups d'État !

Qu'est-il arrivé ? c'est que, comme vous n'étiez pas sincères, on a été défiant. Quand le peuple a vu qu'on voulait lui donner
275 le change, il s'est fâché contre toute la question en masse, et, chose remarquable ! il a pris fait et cause pour cette peine de mort dont il supporte pourtant tout le poids. C'est votre maladresse qui l'a amené là. En abordant la question de biais et sans franchise, vous l'avez compromise pour longtemps. Vous jouiez
280 une comédie. On l'a sifflée.

Cette farce pourtant, quelques esprits avaient eu la bonté de la prendre au sérieux. Immédiatement après la fameuse séance, ordre avait été donné aux procureurs généraux, par un garde des Sceaux honnête homme, de suspendre indéfiniment toutes
285 exécutions capitales. C'était en apparence un grand pas. Les adversaires de la peine de mort respirèrent. Mais leur illusion fut de courte durée.

Le procès des ministres fut mené à sa fin. Je ne sais quel arrêt fut rendu. Les quatre vies furent épargnées. Ham[2] fut choisi
290 comme juste milieu entre la mort et la liberté. Ces divers arrangements une fois faits, toute peur s'évanouit dans l'esprit des hommes d'État dirigeants, et, avec la peur, l'humanité s'en alla. Il ne fut plus question d'abolir le supplice capital ; et une fois qu'on n'eut plus besoin d'elle, l'utopie redevint utopie, la théo-
295 rie, théorie, la poésie, poésie.

Il y avait pourtant toujours dans les prisons quelques malheureux condamnés vulgaires qui se promenaient dans les préaux depuis cinq ou six mois, respirant l'air, tranquilles désormais, sûrs de vivre, prenant leur sursis• pour leur grâce. Mais
300 attendez.

Le bourreau, à vrai dire, avait eu grand'peur. Le jour où il

---

1. *brahmines* : membres de la caste sacerdotale, la première des grandes castes de l'Inde.
2. *Ham* : château de la Somme transformé en prison d'État où furent détenus le prince de Polignac et, plus tard, Louis-Napoléon Bonaparte.

avait entendu les faiseurs de lois parler humanité, philanthropie,
progrès, il s'était cru perdu. Il s'était caché, le misérable, il s'était
blotti sous sa guillotine, mal à l'aise au soleil de juillet comme
305 un oiseau de nuit en plein jour, tâchant de se faire oublier, se
bouchant les oreilles et n'osant souffler. On ne le voyait plus
depuis six mois. Il ne donnait plus signe de vie. Peu à peu
cependant il s'était rassuré dans ses ténèbres. Il avait écouté du
côté des Chambres et n'avait plus entendu prononcer son nom.
310 Plus de ces grands mots sonores dont il avait eu si grande
frayeur. Plus de commentaires déclamatoires du *Traité des délits
et des peines*[1]. On s'occupait de tout autre chose, de quelque
grave intérêt social, d'un chemin vicinal, d'une subvention pour
l'Opéra-Comique, ou d'une saignée de cent mille francs sur un
315 budget apoplectique de quinze cents millions. Personne ne son-
geait plus à lui, coupe-tête. Ce que voyant, l'homme se tranquil-
lise, il met sa tête hors de son trou, et regarde de tous côtés; il
fait un pas, puis deux, comme je ne sais plus quelle souris de La
Fontaine, puis il se hasarde à sortir tout à fait de dessous son
320 échafaudage, puis il saute dessus, le raccommode, le restaure, le
fourbit, le caresse, le fait jouer, le fait reluire, se remet à suiffer
la vieille mécanique rouillée que l'oisiveté détraquait; tout à
coup il se retourne, saisit au hasard par les cheveux dans la
première prison venue un de ces infortunés qui comptaient sur
325 la vie, le tire à lui, le dépouille, l'attache, le boucle, et voilà les
exécutions qui recommencent.
   Tout cela est affreux, mais c'est de l'histoire.
   Oui, il y a eu un sursis° de six mois accordé à de malheureux
captifs, dont on a gratuitement aggravé la peine de cette façon
330 en les faisant reprendre à la vie; puis, sans raison, sans nécessité, sans trop savoir pourquoi, *pour le plaisir*, on a un beau
matin révoqué le sursis, et l'on a remis froidement toutes ces
créatures humaines en coupe réglée. Eh! mon Dieu! je vous le
demande, qu'est-ce que cela nous faisait à tous que ces hommes
335 vécussent? Est-ce qu'il n'y a pas en France assez d'air à respirer
pour tout le monde?
   Pour qu'un jour un misérable commis de la chancellerie, à
qui cela était égal, se soit levé de sa chaise en disant: – Allons!
personne ne songe plus à l'abolition de la peine de mort. Il est
340 temps de se remettre à guillotiner! – il faut qu'il se soit passé
dans le cœur de cet homme-là quelque chose de bien monstrueux.

---

1. *Traité des délits et des peines*: œuvre du juriste italien Cesare Beccaria
(1738-1794), favorable à un adoucissement général des sanctions juridiques.

Du reste, disons-le, jamais les exécutions n'ont été accompagnées de circonstances plus atroces que depuis cette révocation
345 du sursis de juillet, jamais l'anecdote de la Grève° n'a été plus révoltante et n'a mieux prouvé l'exécration de la peine de mort. Ce redoublement d'horreur est le juste châtiment des hommes qui ont remis le code du sang en vigueur. Qu'ils soient punis par leur œuvre. C'est bien fait.
350 Il faut citer ici deux ou trois exemples de ce que certaines exécutions ont eu d'épouvantable et d'impie. Il faut donner mal aux nerfs aux femmes des procureurs du roi. Une femme, c'est quelquefois une conscience.

Dans le midi, vers la fin du mois de septembre dernier, nous
355 n'avons pas bien présents à l'esprit le lieu, le jour, ni le nom du condamné, mais nous les retrouverons si l'on conteste le fait, et nous croyons que c'est à Pamiers ; vers la fin de septembre donc, on vient trouver un homme dans sa prison, où il jouait tranquillement aux cartes ; on lui signifie qu'il faut mourir dans
360 deux heures, ce qui le fait trembler de tous ses membres, car, depuis six mois qu'on l'oubliait, il ne comptait plus sur la mort ; on le rase, on le tond, on le garrotte, on le confesse ; puis on le brouette entre quatre gendarmes, et à travers la foule, au lieu de l'exécution. Jusqu'ici rien que de simple. C'est comme cela que
365 cela se fait. Arrivé à l'échafaud, le bourreau le prend au prêtre, l'emporte, le ficelle sur la bascule, l'*enfourne*, je me sers ici du mot d'argot, puis il lâche le couperet. Le lourd triangle de fer se détache avec peine, tombe en cahotant dans ses rainures, et, voici l'horrible qui commence, entaille l'homme sans le tuer.
370 L'homme pousse un cri affreux. Le bourreau, déconcerté, relève le couperet et le laisse retomber. Le couperet mord le cou du patient une seconde fois, mais ne le tranche pas. Le patient hurle, la foule aussi. Le bourreau rehisse encore le couperet, espérant mieux du troisième coup. Point. Le troisième coup fait
375 jaillir un troisième ruisseau de sang de la nuque du condamné, mais ne fait pas tomber la tête. Abrégeons. Le couteau remonta et retomba cinq fois, cinq fois il entama le condamné, cinq fois le condamné hurla sous le coup et secoua sa tête vivante en criant grâce ! Le peuple indigné prit des pierres et se mit dans sa
380 justice à lapider le misérable bourreau. Le bourreau s'enfuit sous la guillotine et s'y tapit derrière les chevaux des gendarmes. Mais vous n'êtes pas au bout. Le supplicié, se voyant seul sur l'échafaud, s'était redressé sur la planche, et là, debout, effroyable, ruisselant de sang, soutenant sa tête à demi coupée
385 qui pendait sur son épaule, il demandait avec de faibles cris qu'on vînt le détacher. La foule, pleine de pitié, était sur le point de forcer les gendarmes et de venir à l'aide du malheureux qui avait subi cinq fois son arrêt de mort. C'est en ce moment-là

qu'un valet du bourreau, jeune homme de vingt ans, monte sur
390 l'échafaud, dit au patient de se tourner pour qu'il le délie, et,
profitant de la posture du mourant qui se livrait à lui sans
défiance, saute sur son dos et se met à lui couper péniblement
ce qui lui restait de cou avec je ne sais quel couteau de boucher.
395 Cela s'est fait. Cela s'est vu. Oui.

Aux termes de la loi, un juge a dû assister à cette exécution.
D'un signe il pouvait tout arrêter. Que faisait-il donc au fond de
sa voiture, cet homme, pendant qu'on massacrait un homme?
Que faisait ce punisseur d'assassins, pendant qu'on assassinait
400 en plein jour, sous ses yeux, sous le souffle de ses chevaux, sous
la vitre de sa portière?

Et le juge n'a pas été mis en jugement! et le bourreau n'a pas
été mis en jugement! Et aucun tribunal ne s'est enquis de cette
monstrueuse extermination de toutes les lois sur la personne
405 sacrée d'une créature de Dieu!

Au dix-septième siècle, à l'époque de barbarie du code criminel, sous Richelieu, sous Christophe Fouquet, quand M. de
Chalais* fut mis à mort devant le Bouffay de Nantes par un
soldat maladroit qui, au lieu d'un coup d'épée, lui donna trente-
410 quatre coups* d'une doloire[1] de tonnelier, du moins cela
parut-il irrégulier au parlement de Paris; il y eut enquête et
procès, et si Richelieu ne fut pas puni, si Christophe Fouquet ne
fut pas puni, le soldat le fut. Injustice sans doute, mais au fond
de laquelle il y avait de la justice.

415 Ici, rien. La chose a eu lieu après juillet, dans un temps de
douces mœurs et de progrès, un an après la célèbre lamentation
de la Chambre sur la peine de mort. Eh bien! le fait a passé
absolument inaperçu. Les journaux de Paris l'ont publié comme
une anecdote. Personne n'a été inquiété. On a su seulement que
420 la guillotine avait été disloquée exprès par quelqu'un qui voulait
nuire à l'exécuteur des hautes œuvres. C'était un valet du bourreau, chassé par son maître, qui, pour se venger, lui avait fait
cette malice.

Ce n'était qu'une espièglerie. Continuons.

425 À Dijon, il y a trois mois, on a mené au supplice une femme.
(Une femme!) Cette fois encore, le couteau du docteur Guillotin
a mal fait son service. La tête n'a pas été tout à fait coupée.
Alors les valets de l'exécuteur se sont attelés aux pieds de la
femme, et à travers les hurlements de la malheureuse, et à force

---

* La Porte dit vingt-deux, mais Aubery dit trente-quatre. M. de Chalais cria
jusqu'au vingtième. [Note de Victor Hugo.]
1. *doloire* : hache de tonnelier qui sert à amincir le bois des tonneaux.

430 de tiraillements et de soubresauts, ils lui ont séparé la tête du corps par arrachement.

À Paris, nous revenons au temps des exécutions secrètes. Comme on n'ose plus décapiter en Grève• depuis juillet, comme
435 on a peur, comme on est lâche, voici ce qu'on fait. On a pris dernièrement à Bicêtre un homme, un condamné à mort, un nommé Désandrieux, je crois ; on l'a mis dans une espèce de panier traîné sur deux roues, clos de toutes parts, cadenassé et verrouillé ; puis, un gendarme en tête, un gendarme en queue, à
440 petit bruit et sans foule, on a été déposer le paquet à la barrière déserte de Saint-Jacques. Arrivés là, il était huit heures du matin, à peine jour, il y avait une guillotine toute fraîche dressée et pour public quelque douzaine de petits garçons groupés sur les tas de pierres voisins autour de la machine inattendue ; vite,
445 on a tiré l'homme du panier, et, sans lui donner le temps de respirer, furtivement, sournoisement, honteusement, on lui a escamoté sa tête. Cela s'appelle un acte public et solennel de haute justice. Infâme dérision !

Comment donc les gens du roi comprennent-ils le mot civili-
450 sation ? Où en sommes-nous ? La justice ravalée aux stratagèmes et aux supercheries ! la loi aux expédients ! monstrueux !

C'est donc une chose bien redoutable qu'un condamné à mort, pour que la société le prenne en traître de cette façon !

Soyons juste pourtant, l'exécution n'a pas été tout à fait
455 secrète. Le matin on a crié et vendu comme de coutume l'arrêt de mort dans les carrefours de Paris. Il paraît qu'il y a des gens qui vivent de cette vente. Vous entendez ? du crime d'un infortuné, de son châtiment, de ses tortures, de son agonie, on fait une denrée, un papier qu'on vend un sou. Concevez-vous rien
460 de plus hideux que ce sou, vert-de-grisé[1] dans le sang ? Qui est-ce donc qui le ramasse ?

Voilà assez de faits. En voilà trop. Est-ce que tout cela n'est pas horrible ? Qu'avez-vous à alléguer pour la peine de mort ?

Nous faisons cette question sérieusement ; nous la faisons
465 pour qu'on y réponde ; nous la faisons aux criminalistes, et non aux lettrés bavards. Nous savons qu'il y a des gens qui prennent l'excellence de la peine de mort pour texte à paradoxe comme tout autre thème. Il y en a d'autres qui n'aiment la peine de mort que parce qu'ils haïssent tel ou tel qui l'attaque. C'est pour
470 eux une question quasi littéraire, une question de personnes, une question de noms propres. Ceux-là sont les envieux, qui ne

---

1. *vert-de-grisé* : couvert d'un dépôt verdâtre qui se forme sur le cuivre au contact d'un élément humide.

font pas plus faute aux bons jurisconsultes qu'aux grands artistes. Les Joseph Grippa ne manquent pas plus aux Filangieri• que les Torregiani aux Michel-Ange et les Scudéry aux Cor-
475 neille[1].

Ce n'est pas à eux que nous nous adressons, mais aux hommes de loi proprement dits, aux dialecticiens, aux raisonneurs, à ceux qui aiment la peine de mort pour la peine de
480 mort, pour sa beauté, pour sa bonté, pour sa grâce.

Voyons, qu'ils donnent leurs raisons.

Ceux qui jugent et qui condamnent disent la peine de mort nécessaire. D'abord, – parce qu'il importe de retrancher de la communauté sociale un membre qui lui a déjà nui et qui pour-
485 rait lui nuire encore. – S'il ne s'agissait que de cela, la prison perpétuelle suffirait. À quoi bon la mort ? Vous objectez qu'on peut s'échapper d'une prison ? faites mieux votre ronde. Si vous ne croyez pas à la solidité des barreaux de fer, comment osez-vous avoir des ménageries ?

490 Pas de bourreau où le geôlier suffit.

Mais, reprend-on, – il faut que la société se venge, que la société punisse. – Ni l'un, ni l'autre. Se venger est de l'individu, punir est de Dieu.

La société est entre deux. Le châtiment est au-dessus d'elle, la
495 vengeance au-dessous. Rien de si grand et de si petit ne lui sied. Elle ne doit pas « punir pour se venger » ; elle doit corriger pour améliorer. Transformez de cette façon la formule des criminalistes, nous la comprenons et nous y adhérons.

Reste la troisième et dernière raison, la théorie de l'exemple. –
500 Il faut faire des exemples ! il faut épouvanter par le spectacle du sort réservé aux criminels ceux qui seraient tentés de les imiter ! – Voilà bien à peu près textuellement la phrase éternelle dont tous les réquisitoires des cinq cents parquets de France ne sont que des variations plus ou moins sonores. Eh bien ! nous nions
505 d'abord qu'il y ait exemple. Nous nions que le spectacle des supplices produise l'effet qu'on en attend. Loin d'édifier le peuple, il le démoralise, et ruine en lui toute sensibilité, partant toute vertu. Les preuves abondent, et encombreraient notre raisonnement si nous voulions en citer. Nous signalerons pourtant
510 un fait entre mille, parce qu'il est le plus récent. Au moment où nous écrivons, il n'a que dix jours de date. Il est du 5 mars,

---

1. Le sculpteur Pietro Torregiani modifia le profil de Michel-Ange par un coup de poing passé à la postérité. Scudéry critiqua Pierre Corneille dans un ouvrage intitulé *Observations sur Le Cid* (1637), et fut l'un des instigateurs de la fameuse querelle du *Cid*.

dernier jour du carnaval. À Saint-Pol, immédiatement après l'exécution d'un incendiaire nommé Louis Camus, une troupe de masques est venue danser autour de l'échafaud encore
515 fumant. Faites donc des exemples! le mardi gras vous rit au nez.

Que si, malgré l'expérience, vous tenez à votre théorie routinière de l'exemple, alors rendez-nous le seizième siècle, soyez
520 vraiment formidables, rendez-nous la variété des supplices, rendez-nous Farinacci[1], rendez-nous les tourmenteurs-jurés, rendez-nous le gibet, la roue, le bûcher, l'estrapade[2], l'essorillement[3], l'écartèlement, la fosse à enfouir vif, la cuve à bouillir vif; rendez-nous, dans tous les carrefours de Paris, comme une
525 boutique de plus ouverte parmi les autres, le hideux étal du bourreau, sans cesse garni de chair fraîche. Rendez-nous Montfaucon, ses seize piliers de pierre, ses brutes assises, ses caves à ossements, ses poutres, ses crocs, ses chaînes, ses brochettes de squelettes, son éminence de plâtre tachetée de corbeaux, ses
530 potences succursales, et l'odeur de cadavre que par le vent du nord-est il répand à larges bouffées sur tout le faubourg du Temple. Rendez-nous dans sa permanence et dans sa puissance ce gigantesque appentis du bourreau de Paris. À la bonne heure! Voilà de l'exemple en grand. Voilà de la peine de mort
535 bien comprise. Voilà un système de supplices qui a quelque proportion. Voilà qui est horrible, mais qui est terrible.

Ou bien faites comme en Angleterre. En Angleterre, pays de commerce, on prend un contrebandier sur la côte de Douvres, on le pend pour l'exemple, pour l'exemple on le laisse accroché
540 au gibet; mais, comme les intempéries de l'air pourraient détériorer le cadavre, on l'enveloppe soigneusement d'une toile enduite de goudron, afin d'avoir à le renouveler moins souvent. Ô terre d'économie! goudronner les pendus!

Cela pourtant a encore quelque logique. C'est la façon la plus
545 humaine de comprendre la théorie de l'exemple.

Mais vous, est-ce bien sérieusement que vous croyez faire un exemple quand vous égorgillez misérablement un pauvre homme dans le recoin le plus désert des boulevards extérieurs? En Grève[•], en plein jour, passe encore; mais à la barrière Saint-
550 Jacques! mais à huit heures du matin! Qui est-ce qui passe là?

---

1. *Farinacci* : juge et jurisconsulte romain de la seconde moitié du XVIᵉ siècle, très sévère dans l'application des peines.
2. *estrapade* : supplice qui consistait à faire tomber le condamné au bout d'une corde, soit dans l'eau, soit à quelques pieds du sol.
3. *essorillement* : supplice qui consistait à couper les oreilles du condamné.

Qui est-ce qui va là? Qui est-ce qui sait que vous tuez un homme là? Qui est-ce qui se doute que vous faites un exemple là? Un exemple pour qui? Pour les arbres du boulevard, appa-
555 remment.

Ne voyez-vous donc pas que vos exécutions publiques se font en tapinois? Ne voyez-vous donc pas que vous vous cachez? Que vous avez peur et honte de votre œuvre? Que vous balbutiez ridiculement votre *discite justitiam moniti*[1]? Qu'au fond vous
560 êtes ébranlés, interdits, inquiets, peu certains d'avoir raison, gagnés par le doute général, coupant des têtes par routine et sans trop savoir ce que vous faites? Ne sentez-vous pas au fond du cœur que vous avez tout au moins perdu le sentiment moral et social de la mission de sang que vos prédécesseurs, les vieux
565 parlementaires, accomplissaient avec une conscience si tranquille? La nuit, ne retournez-vous pas plus souvent qu'eux la tête sur votre oreiller? D'autres avant vous ont ordonné des exécutions capitales, mais ils s'estimaient dans le droit, dans le juste, dans le bien. Jouvenel des Ursins se croyait un juge; Élie
570 de Thorrette se croyait un juge; Laubardemont, La Reynie et Laffemas eux-mêmes se croyaient des juges; vous, dans votre for intérieur, vous n'êtes pas bien sûrs de ne pas être des assassins!

Vous quittez la Grève• pour la barrière Saint-Jacques, la foule pour la solitude, le jour pour le crépuscule. Vous ne faites plus
575 fermement ce que vous faites. Vous vous cachez, vous dis-je!

Toutes les raisons pour la peine de mort, les voilà donc démolies. Voilà tous les syllogismes de parquets mis à néant. Tous ces copeaux de réquisitoires, les voilà balayés et réduits en cendres. Le moindre attouchement de la logique dissout tous les
580 mauvais raisonnements.

Que les gens du roi ne viennent donc plus nous demander des têtes, à nous jurés, à nous hommes, en nous adjurant d'une voix caressante au nom de la société à protéger, de la vindicte publique à assurer, des exemples à faire. Rhétorique, ampoule,
585 et néant que tout cela! un coup d'épingle dans ces hyperboles, et vous les désenflez. Au fond de ce doucereux verbiage, vous ne trouvez que dureté de cœur, cruauté, barbarie, envie de prouver son zèle, nécessité de gagner ses honoraires. Taisez-vous, mandarins! Sous la patte de velours du juge on sent les
590 ongles du bourreau.

Il est difficile de songer de sang-froid à ce que c'est qu'un procureur royal criminel. C'est un homme qui gagne sa vie à

---

1. discite justitiam moniti : « apprenez par mon exemple ce qu'est la justice » (*Énéide*, VI, 620).

envoyer les autres à l'échafaud. C'est le pourvoyeur titulaire des places de Grève*. Du reste, c'est un monsieur qui a des préten-
595 tions au style et aux lettres, qui est beau parleur ou croit l'être, qui récite au besoin un vers latin ou deux avant de conclure à la mort, qui cherche à faire de l'effet, qui intéresse son amour-propre, ô misère ! là où d'autres ont leur vie engagée, qui a ses modèles à lui, ses types désespérants à atteindre, ses classiques,
600 son Bellart, son Marchangy, comme tel poëte a Racine et tel autre Boileau. Dans le débat, il tire du côté de la guillotine, c'est son rôle, c'est son état. Son réquisitoire, c'est son œuvre litté-raire, il le fleurit de métaphores, il le parfume de citations, il faut que cela soit beau à l'audience, que cela plaise aux dames.
605 Il a son bagage de lieux communs encore très neufs pour la province, ses élégances d'élocution, ses recherches, ses raffine-ments d'écrivain. Il hait le mot propre presque autant que nos poëtes tragiques de l'école de Delille[1]. N'ayez pas peur qu'il appelle les choses par leur nom. Fi donc ! Il a pour toute idée
610 dont la nudité vous révolterait des déguisements complets d'épi-thètes et d'adjectifs. Il rend M. Samson* présentable. Il gaze le couperet. Il estompe la bascule. Il entortille le panier rouge dans une périphrase. On ne sait plus ce que c'est. C'est douceâtre et décent. Vous le représentez-vous, la nuit, dans son cabinet, éla-
615 borant à loisir et de son mieux cette harangue qui fera dresser un échafaud dans six semaines ? Le voyez-vous suant sang et eau pour emboîter la tête d'un accusé dans le plus fatal article du Code ? Le voyez-vous scier avec une loi mal faite le cou d'un misérable ? Remarquez-vous comme il fait infuser dans un
620 gâchis de tropes et de synecdoches[2] deux ou trois textes véné-neux pour en exprimer et en extraire à grand'peine la mort d'un homme ? N'est-il pas vrai que, tandis qu'il écrit, sous sa table, dans l'ombre, il a probablement le bourreau accroupi à ses pieds, et qu'il arrête de temps en temps sa plume pour lui dire,
625 comme le maître à son chien : – Paix là ! paix là ! tu vas avoir ton os !

Du reste, dans la vie privée, cet homme du roi peut être un honnête homme, bon père, bon fils, bon mari, bon ami, comme
630 disent toutes les épitaphes du Père-Lachaise.

Espérons que le jour est prochain où la loi abolira ces fonctions

---

1. *Delille* : l'abbé Jacques Delille (1738-1813) connut un immense succès avec ses poèmes habilement versifiés et recherchant le pittoresque.
2. *tropes et synecdoches* : figures de rhétorique qui consistent à détourner un mot ou une expression de leur sens premier.

funèbres. L'air seul de notre civilisation doit dans un temps donné user la peine de mort.

635 On est parfois tenté de croire que les défenseurs de la peine de mort n'ont pas bien réfléchi à ce que c'est. Mais pesez donc un peu à la balance de quelque crime que ce soit ce droit exorbitant que la société s'arroge d'ôter ce qu'elle n'a pas donné, cette peine, la plus irréparable des peines irréparables !

640 De deux choses l'une :

Ou l'homme que vous frappez est sans famille, sans parents, sans adhérents dans ce monde. Et dans ce cas, il n'a reçu ni éducation, ni instruction, ni soins pour son esprit, ni soins pour son cœur ; et alors de quel droit tuez-vous ce misérable orphe-
645 lin ? Vous le punissez de ce que son enfance a rampé sur le sol sans tige et sans tuteur ! Vous lui imputez à forfait l'isolement où vous l'avez laissé ! De son malheur vous faites son crime ! Personne ne lui a appris à savoir ce qu'il faisait. Cet homme ignore. Sa faute est à sa destinée, non à lui. Vous frappez un innocent.
650 Ou cet homme a une famille ; et alors croyez-vous que le coup dont vous l'égorgez ne blesse que lui seul ? que son père, que sa mère, que ses enfants, n'en saigneront pas ? Non. En le tuant, vous décapitez toute sa famille. Et ici encore vous frappez des innocents.

655 Gauche et aveugle pénalité, qui, de quelque côté qu'elle se tourne, frappe l'innocent !

Cet homme, ce coupable qui a une famille, séquestrez-le. Dans sa prison, il pourra travailler encore pour les siens. Mais comment les fera-t-il vivre du fond de son tombeau ? Et songez-
660 vous sans frissonner à ce que deviendront ces petits garçons, ces petites filles, auxquels vous ôtez leur père, c'est-à-dire leur pain ? Est-ce que vous comptez sur cette famille pour approvi-sionner dans quinze ans, eux le bagne, elles le musico[1] ? Oh ! les pauvres innocents !
665 Aux colonies, quand un arrêt de mort tue un esclave, il y a mille francs d'indemnité pour le propriétaire de l'homme. Quoi ! vous dédommagez le maître, et vous n'indemnisez pas la famille ! Ici aussi ne prenez-vous pas un homme à ceux qui le possèdent ? N'est-il pas, à un titre bien autrement sacré que
670 l'esclave vis-à-vis du maître, la propriété de son père, le bien de sa femme, la chose de ses enfants ?

Nous avons déjà convaincu votre loi d'assassinat. La voici convaincue de vol.

Autre chose encore. L'âme de cet homme, y songez-vous ?

---

1. *musico* : café où se produisent des chanteurs de bas étage.

675 Savez-vous dans quel état elle se trouve ? Osez-vous bien l'ex-
pédier si lestement ? Autrefois du moins, quelque foi circulait
dans le peuple ; au moment suprême, le souffle religieux qui
était dans l'air pouvait amollir le plus endurci ; un patient était
en même temps un pénitent ; la religion lui ouvrait un monde
680 au moment où la société lui en fermait un autre ; toute âme
avait conscience de Dieu ; l'échafaud n'était qu'une frontière du
ciel. Mais quelle espérance mettez-vous sur l'échafaud maintenant que la grosse foule ne croit plus ? maintenant que toutes les
religions sont attaquées du dry-rot [1], comme ces vieux vaisseaux
685 qui pourrissent dans nos ports, et qui jadis peut-être ont découvert des mondes ? maintenant que les petits enfants se moquent
de Dieu ? De quel droit lancez-vous dans quelque chose dont
vous doutez vous-mêmes les âmes obscures de vos condamnés,
ces âmes telles que Voltaire et M. Pigault-Lebrun les ont faites ?
690 Vous les livrez à votre aumônier de prison, excellent vieillard
sans doute ; mais croit-il et fait-il croire ? Ne grossoie-t-il pas
comme une corvée son œuvre sublime ? Est-ce que vous le prenez pour un prêtre, ce bonhomme qui coudoie le bourreau dans
la charrette ? Un écrivain plein d'âme et de talent l'a dit avant
695 nous : *C'est une horrible chose de conserver le bourreau après avoir
ôté le confesseur !*

Ce ne sont là, sans doute, que des « raisons sentimentales »,
comme disent quelques dédaigneux qui ne prennent leur
700 logique que dans leur tête. À nos yeux, ce sont les meilleures.
Nous préférons souvent les raisons du sentiment aux raisons de
la raison. D'ailleurs les deux séries se tiennent toujours, ne l'ou-
blions pas. Le *Traité des délits* est greffé sur *L'Esprit des lois*.
Montesquieu a engendré Beccaria•.
705 La raison est pour nous, le sentiment est pour nous, l'expérience est aussi pour nous. Dans les États modèles, où la peine
de mort est abolie, la masse des crimes capitaux suit d'année en
année une baisse progressive. Pesez ceci.

Nous ne demandons cependant pas pour le moment une
710 brusque et complète abolition de la peine de mort, comme celle
où s'était si étourdiment engagée la Chambre des députés. Nous
désirons, au contraire, tous les essais, toutes les précautions,
tous les tâtonnements de la prudence. D'ailleurs, nous ne voulons pas seulement l'abolition de la peine de mort, nous voulons
715 un remaniement complet de la pénalité sous toutes ses formes,
du haut en bas, depuis le verrou jusqu'au couperet, et le temps
est un des ingrédients qui doivent entrer dans une pareille

---

1. *dry-rot* : mot anglais signifiant littéralement « pourriture sèche ».

œuvre pour qu'elle soit bien faite. Nous comptons développer ailleurs, sur cette matière, le système d'idées que nous croyons
720 applicable. Mais, indépendamment des abolitions partielles pour le cas de fausse monnaie, d'incendie, de vols qualifiés, etc., nous demandons que dès à présent, dans toutes les affaires capitales, le président soit tenu de poser au jury cette question : L'accusé a-t-il agi par passion ou par intérêt ? et que, dans le cas où le
725 jury répondrait : L'accusé a agi par passion, il n'y ait pas condamnation à mort. Ceci nous épargnerait du moins quelques exécutions révoltantes. Ulbach* et Debacker seraient sauvés. On ne guillotinerait plus Othello[1].
730 Au reste, qu'on ne s'y trompe pas, cette question de la peine de mort mûrit tous les jours. Avant peu, la société entière la résoudra comme nous.
Que les criminalistes les plus entêtés y fassent attention, depuis un siècle la peine de mort va s'amoindrissant. Elle se fait
735 presque douce. Signe de décrépitude. Signe de faiblesse. Signe de mort prochaine. La torture a disparu. La roue a disparu. La potence a disparu. Chose étrange ! la guillotine elle-même est un progrès.
M. Guillotin était un philanthrope.
740 Oui, l'horrible Thémis[2] dentue et vorace de Farinace et du Vouglans, de Delancre et d'Isaac Loisel, de d'Oppède et de Machault[3], dépérit. Elle maigrit. Elle se meurt.
Voilà déjà la Grève* qui n'en veut plus. La Grève se réhabilite. La vieille buveuse de sang s'est bien conduite en juillet. Elle
745 veut mener désormais meilleure vie et rester digne de sa dernière belle action. Elle qui s'était prostituée depuis trois siècles à tous les échafauds, la pudeur la prend. Elle a honte de son ancien métier. Elle veut perdre son vilain nom. Elle répudie le bourreau. Elle lave son pavé.
750 À l'heure qu'il est, la peine de mort est déjà hors de Paris. Or, disons-le bien ici, sortir de Paris c'est sortir de la civilisation.
Tous les symptômes sont pour nous. Il semble aussi qu'elle se rebute et qu'elle rechigne, cette hideuse machine, ou plutôt ce monstre fait de bois et de fer qui est à Guillotin ce que Galatée

---

1. *Othello* : héros de Shakespeare qui, dans le drame intitulé *Othello ou Le Maure de Venise* (1604), tue sa femme Desdémone par jalousie.
2. *Thémis* : dans l'Antiquité, divinité qui symbolisait la Justice. On la représente souvent les yeux bandés tenant une balance et une épée dans les mains.
3. *Farinace* [...] *Vouglans* [...] *Delancre* [...] *Isaac Loisel* [...] *Oppède* [...] *Machault* : juges des XVIe, XVIIe et XVIIIe siècles, réputés pour leur extrême sévérité.

755 est à Pygmalion. Vues d'un certain côté, les effroyables exécutions que nous avons détaillées plus haut sont d'excellents signes. La guillotine hésite. Elle en est à manquer son coup. Tout le vieil échafaudage de la peine de mort se détraque.

760 L'infâme machine partira de France, nous y comptons, et, s'il plaît à Dieu, elle partira en boitant, car nous tâcherons de lui porter de rudes coups.

Qu'elle aille demander l'hospitalité ailleurs, à quelque peuple barbare, non à la Turquie, qui se civilise, non aux sauvages, qui
765 ne voudraient pas d'elle*; mais qu'elle descende quelques échelons encore de l'échelle de la civilisation, qu'elle aille en Espagne ou en Russie.

L'édifice social du passé reposait sur trois colonnes, le prêtre, le roi, le bourreau. Il y a déjà longtemps qu'une voix a dit : *Les*
770 *dieux s'en vont!* Dernièrement une autre voix s'est élevée et a crié : *Les rois s'en vont!* Il est temps maintenant qu'une troisième voix s'élève et dise : *Le bourreau s'en va!*

Ainsi l'ancienne société sera tombée pierre à pierre; ainsi la providence aura complété l'écroulement du passé.

775 À ceux qui ont regretté les dieux, on a pu dire : Dieu reste. À ceux qui regrettent les rois, on peut dire : La patrie reste. À ceux qui regretteraient le bourreau, on n'a rien à dire.

Et l'ordre ne disparaîtra pas avec le bourreau; ne le croyez point. La voûte de la société future ne croulera pas pour n'avoir
780 point cette clef hideuse. La civilisation n'est autre chose qu'une série de transformations successives. À quoi donc allez-vous assister? à la transformation de la pénalité. La douce loi du Christ pénétrera enfin le Code et rayonnera à travers. On regardera le crime comme une maladie, et cette maladie aura ses
785 médecins qui remplaceront vos juges, ses hôpitaux qui remplaceront vos bagnes. La liberté et la santé se ressembleront. On versera le baume et l'huile où l'on appliquait le fer et le feu. On traitera par la charité ce mal qu'on traitait par la colère. Ce sera simple et sublime. La croix substituée au gibet. Voilà tout.

790   15 mars 1832.

---

* Le « parlement » d'Otahiti vient d'abolir la peine de mort. [Note de Victor Hugo.]

Victor Hugo en 1828.
Médaillon de David d'Angers.

DATES	ÉVÉNEMENTS HISTORIQUES	ÉVÉNEMENTS CULTURELS
1802	Constitution de l'an X de la République.	Chateaubriand, René ; Le Génie du christianisme.
1804	Sacre de Napoléon Ier.	Mme de Staël, Delphine.
1812	Début de la campagne de Russie.	
1820		Lamartine, Méditations poétiques.
1821	Procès des quatre sergents de La Rochelle.	
1827		Stendhal, Armance.
1828		Charles Lucas, Du système pénitentiaire en Europe et aux États-Unis.
1829	Jules de Polignac devient président du Conseil.	Balzac, Le Dernier Chouan (qui deviendra Les Chouans en 1841).
1830	Révolution (juillet). Louis-Philippe devient roi des Français (août).	Stendhal, Le Rouge et le Noir. Berlioz, Symphonie fantastique.
1831	Alexis de Tocqueville et Gustave de Beaumont s'embarquent pour les États-Unis dans l'intention d'étudier le système pénitentiaire américain.	Balzac, La Peau de chagrin.
1833	Loi Guizot sur la liberté de l'enseignement primaire.	Balzac, Eugénie Grandet.
1835		Vigny, Chatterton.
1840	Retour en France des cendres de Napoléon Ier.	Mérimée, Colomba.
1843		Balzac, Illusions perdues.
1845		Dumas, La Reine Margot.
1848	Révolution. IIe République. Adoption du suffrage universel. Présidence de Louis-Napoléon Bonaparte.	Marx et Engels, Manifeste du Parti communiste.
1851	Coup d'État de Louis-Napoléon Bonaparte (2 décembre).	Verdi, Rigoletto, opéra d'après Le Roi s'amuse de Victor Hugo.
1853	Mariage de Napoléon III avec Eugénie de Montijo.	Michelet achève son Histoire de la Révolution française.
1856		Pasteur contredit la théorie de la génération spontanée.
1859	Campagne d'Italie.	Darwin, De l'origine des espèces au moyen de la sélection naturelle.
1862	Bismarck est nommé Premier ministre de la Prusse par Guillaume Ier.	
1864	Création à Londres de la Ire Internationale des travailleurs.	
1865	Abolition de l'esclavage aux États-Unis.	Liszt, La Légende de sainte Élisabeth.
1874		Monet expose Impression, soleil levant (début de l'impressionnisme).
1876	Lois sur la liberté de la presse.	Renoir, Le Moulin de la Galette.
1877		Zola, L'Assommoir.
1881	Loi Jules Ferry sur la gratuité de l'enseignement primaire.	
1885		Zola, Germinal.

VIE ET ŒUVRE DE VICTOR HUGO	DATES
Naissance de Victor Hugo le 26 juin, à Besançon.	1802
Enfance à Paris avec sa mère, puis en pension après la mésentente et la séparation de ses parents.	1804
Condamnation et exécution du parrain de Victor Hugo, le général Lahorie.	1812
Victor Hugo croise sur le Pont-au-Change le cortège qui mène Louvel, l'assassin du duc de Berry, à l'échafaud.	1820
Mort de la mère de Hugo.	1821
Mariage de Victor Hugo avec Adèle Foucher. Ils auront quatre enfants.	1822
Han d'Islande.	1823
Cromwell et sa préface (manifeste du théâtre romantique).	1827
Hugo se rend à Bicêtre avec le sculpteur David d'Angers pour assister au ferrement des galériens.	1828
Mort du général Léopold Hugo, le père de Victor.	
Le Dernier Jour d'un condamné; *Les Orientales.*	1829
Première d'*Hernani* au Théâtre-Français.	1830
Notre-Dame de Paris; *Les Feuilles d'automne.*	1831
Hugo rencontre Juliette Drouet ; début d'une liaison qui durera jusqu'à la mort de Juliette (en 1883).	1833
Les Chants du crépuscule.	1835
Les Rayons et les Ombres; *Le Rhin.*	1840
Échec du drame *Les Burgraves*. Mort de sa fille Léopoldine.	1843
Victor Hugo est nommé pair de France.	1845
Victor Hugo est élu député de Paris à l'Assemblée constituante. En septembre, il prononce un discours contre la peine de mort.	1848
Opposant au coup d'État, Hugo doit s'exiler. Il se rend à Bruxelles avant de rejoindre Jersey (1852), puis Guernesey (1855).	1851
Châtiments.	1853
Les Contemplations.	1856
La Légende des siècles.	1859
Les Misérables.	1862
William Shakespeare (introduction au théâtre de Shakespeare traduit par son fils, François-Victor Hugo).	1864
La Chanson des rues et des bois.	1865
Quatrevingt-treize.	1874
Victor Hugo est élu sénateur de Paris. *Actes et Paroles.*	1876
L'Art d'être grand-père. Deuxième série de *La Légende des siècles.*	1877
Les Quatre Vents de l'esprit.	1881
Mort de Victor Hugo à Paris (le 22 mai). La République lui fait des funérailles grandioses.	1885

CONSERVATISME ET CENSURE

Depuis la mort de Louis XVIII, en 1824, le régime de la Restauration est de plus en plus critiqué en France, notamment dans les milieux bourgeois. Le nouveau roi, Charles X, sacré à Reims en 1825, est jugé réactionnaire et autoritaire. Le 8 août 1829, le cabinet Martignac, relativement modéré, est remplacé par un gouvernement ultra, dirigé par le très rigide prince Jules de Polignac.

Jusqu'en 1824, Victor Hugo, pensionné par le roi, fut, comme la plupart des romantiques de cette époque, un ardent partisan de la monarchie. Mais, dès l'*Ode à la colonne* (1827), il prend ses distances avec les convictions de sa jeunesse et, au moment où paraît *Le Dernier Jour d'un condamné* (1829), la rupture entre l'écrivain et le pouvoir royal est pratiquement consommée.

C'est pourquoi Hugo décide de ne pas signer son récit et choisit de le faire paraître sans préface. Ce n'est que trois ans plus tard, après la révolution de 1830 et la chute de Charles X, que le texte paraîtra sous le nom de son auteur et accompagné d'un virulent plaidoyer pour l'abolition de la peine de mort.

En effet, le gouvernement de Charles X, non content de museler la presse d'opposition, exerce une censure croissante sur la littérature et le théâtre. C'est ainsi qu'en août 1829, le drame de Victor Hugo, *Marion Delorme*, est interdit par le censeur Brifaut. L'écrivain refuse alors de se faire acheter par le pouvoir qui lui propose de le dédommager en augmentant sa pension royale.

L'ESSOR DU ROMANTISME

Entre 1820 et 1830, la révolution romantique qui bat son plein bouleverse les milieux littéraires. À l'instar des mouvements anglais et allemand, le romantisme français prône l'importance du « moi » et la libre expression de la sensibilité. Il s'organise sous l'égide de Lamartine (*Les Méditations poétiques*, 1820) et se donne pour organe une revue éphémère, *La Muse française*, à laquelle collabore notamment le jeune Victor Hugo.

Le premier courant romantique, inspiré par l'œuvre de Chateaubriand (*Atala*, 1801) et par celle de Mme de Staël (*Delphine*, 1802), reste essentiellement royaliste et envisage surtout de rénover la littérature contre les *« perruques classiques »*, soulignant l'importance du cœur et de l'imagination opposée au strict rationalisme. Progressivement, l'idée d'une exaltation de la sensibilité et de l'individualisme fait place à une exigence croissante de liberté. Dès *Racine et Shakespeare* (1823 et 1825), Stendhal définit le romantisme comme une esthétique de la modernité, qui ne doit pas hésiter à explorer de nouvelles voies, quitte à chambouler l'ordre ancien : *« Il faut du courage pour être romantique, car il faut hasarder.*» La préface de *Cromwell*, écrite en octobre 1827 par Victor Hugo, constitue un point d'aboutissement et devient le manifeste du mouvement : «*Le romantisme, c'est la liberté dans l'art.*»

Les romantiques s'expriment alors dans les journaux (*Le Globe* de Paul Dubois et Pierre Leroux) et se réunissent dans les salons. Le plus fréquenté est celui de Charles Nodier, à l'Arsenal, baptisé le «Cénacle». Il rassemble des poètes (Hugo, Vigny, Gautier, Musset, Nerval), des dramaturges (Mérimée, Dumas), des romanciers (Latouche, Balzac), des critiques (Sainte-Beuve), des peintres (Delacroix). Rapidement, le Cénacle de Nodier se réunit chez Victor Hugo, rue Notre-Dame-des-Champs, et devient le haut lieu du romantisme militant.

VIVRE DE SA PLUME

Dès le début de sa carrière, Victor Hugo apparaît comme un homme de lettres complet, maîtrisant tous les genres littéraires, qu'il s'agisse de la poésie classique avec les *Odes*, de la poésie romantique avec les *Odes et Ballades*, du roman avec *Bug-Jargal* et *Han d'Islande*, du théâtre avec *Amy Robsart* et *Cromwell*, ou encore, qu'il s'agisse de la critique ou des essais, avec ses nombreuses préfaces. En 1828, ses succès de librairie et la pension qui lui a été octroyée lui permettent de subvenir largement aux besoins de sa famille. L'année suivante, alors qu'il n'est âgé que de vingt-sept ans, c'est un chef d'école reconnu qui publie *Les Orientales* et *Le Dernier Jour d'un condamné* et qui, peu après, remet au Théâtre-Français le drame intitulé *Marion Delorme*.

Victor Hugo reste cependant une exception. Peu d'écrivains peuvent, comme lui, envisager de vivre de leur plume. La poésie ne se vend pas. Le roman est certes en pleine prospérité, mais la clientèle, modeste, achète peu de livres, préférant les louer dans des cabinets de lecture. Seul le théâtre peut, en cas de succès, procurer quelque bénéfice à l'auteur (c'est d'ailleurs un des thèmes du roman de Balzac, *Illusions perdues*). Reste que les écrivains sont généralement obligés de trouver ailleurs que dans leur art les moyens de vivre. Ainsi, Charles Nodier devient-il conservateur de la bibliothèque de l'Arsenal, tandis que Stendhal, après avoir sollicité en vain une place de bibliothécaire ou de préfet, est nommé, en 1830, consul de France à Civitavecchia, et que Mérimée se voit confier la fonction d'inspecteur général des Monuments historiques en 1834.

LE RECOURS À LA PRESSE

Les journaux et les revues constituent un autre recours pour les écrivains en mal d'argent. En effet, le prodigieux essor de la presse sous la Restauration permet à beaucoup d'entre eux de se consacrer à l'écriture, mais aussi d'acquérir de la notoriété.

L'époque a ses quotidiens conservateurs (*La Quotidienne*, où Charles Nodier publie ses chroniques; *Le Drapeau blanc*; *Le Conservateur*, à qui Chateaubriand donne de nombreux articles; *Le Journal des débats*) et ses journaux d'opposition (*Le Constitutionnel*, de tendance libérale; *Le Courrier français*, fréquenté par Benjamin Constant; *Le Sylphe*; et, bien sûr, *Le Globe*, qui se fait l'écho de la première campagne pour l'abolition de la peine de mort).

Les revues qui publient poésie, nouvelles et relations de voyages, comme *Le Mercure de France*, constituent également une source de revenus pour les écrivains; mais leur tirage reste limité et, malgré un nombre d'abonnés non négligeable, leur prix trop élevé ne permet pas de toucher les classes populaires. Quant à la mode du roman-feuilleton, elle ne se généralisera qu'à partir de 1836, date du lancement de *La Presse* d'Émile de Girardin, qui marque aussi la naissance de la presse moderne.

Contrairement à ce que peut laisser supposer le titre, Victor Hugo n'a pas respecté l'ordre chronologique dans le récit du *Dernier Jour d'un condamné*. En effet, de multiples retours en arrière et quelques anticipations fantasmatiques viennent brouiller la succession des événements dans le temps. Par ailleurs, l'œuvre maintient son lecteur en haleine par un savant dosage d'accélérations et de pauses, par l'alternance calculée de périodes de réflexion et de narration. Comme l'explique Henri Meschonnic :

> *« Le récit est construit. Il équilibre narration (II) et description (IV), ou méditation et description (VIII et IX-X) ; il combine les diversions (XIII, XIV : le ferrement des forçats ; XVI, la chanson ; XXIII, l'histoire du forçat), les retardements (XXIII, l'épisode de l'huissier) et l'accélération (l'espoir de plus en plus insensé d'échapper, en XXXII, XL, XLVIII) ; il oppose le passé (XXXIII) et le présent (XXXIV), la sensation de vivre (XXXVII, XXXVIII) et la vision de la mort (XXXIX, XLI, XLII), celle-ci en contraste avec la visite de l'enfant (XLIII) ; il alterne les chapitres brefs (XLIV, XLV, XLVI) et les chapitres longs (XLI, XLII, XLIII). »*

C'est cet ordre chronologique que nous avons essayé de restituer dans notre tableau (*cf.* pages suivantes), en établissant un compte à rebours du temps qui reste à vivre au condamné, et en faisant abstraction de l'agencement des chapitres tel qu'il avait été conçu par Hugo. Par souci de clarté, nous avons d'ailleurs laissé de côté les chapitres de réflexion, dès lors qu'il n'était pas possible de les inscrire dans cette chronologie.

Situation dans le temps	Chapitres	Événements rapportés
Enfance.	XXXVI	Le prisonnier se souvient du bourdon de Notre-Dame.
Enfance / adolescence.	XXXIII	Le prisonnier se souvient d'un jardin situé près du Val-de-Grâce. Évocation de son premier amour : Pépa.
J moins 6 semaines.	II	Une matinée du mois d'août, à huit heures du matin. Le prisonnier revient sur le jour du verdict.
J moins 6 semaines.	IV	Transfert vers Bicêtre.
De J moins 6 semaines à J moins 7 jours.	V	Série d'événements qui rythment la vie à Bicêtre : promenade, messe, etc.
J moins 7 jours.	I et IV	Le prisonnier est dans sa cellule, condamné à mort. Il lui reste une semaine à vivre.
J moins 7 jours.	VI et VII	Le prisonnier forme le projet d'écrire « l'espèce d'autopsie intellectuelle d'un condamné ».
J moins 2 jours.	XIII et XIV	Ferrement des forçats et nuit à l'infirmerie.
J moins 1 jour.	XVI	Écoute de la chanson d'argot depuis l'infirmerie.
J (à 6 heures).	XVIII et XIX	Annonce : c'est « pour aujourd'hui ». Visite du directeur.
J (à 6 heures 15).	XXI	Visite du prêtre puis visite de l'huissier.
J (à 7 heures 30).	XXII	Départ pour la Conciergerie.
J (vers 8 heures 30).	XXIII	Rencontre avec un forçat condamné à mort. Don de la redingote.
J (vers 9 heures30).	XXV	Transfert dans une cellule.
J (à 10 heures).	XXVI	Adresse à sa fille Marie.
J (à 11 heures)	XXVIII	Retour en arrière sur un souvenir de guillotine.
J (au déjeuner).	XXX	Retour du prêtre.
J (?).	XXXI	Visite de l'architecte de la prison
J (?).	XXXII	Dialogue avec le gendarme.
J (à 13 heures).	XXXIV	Réflexions diverses.
J (à 13 heures 15).	XXXVIII	Série de sensations.
J (sieste).	XLII	Rêve de la vieille femme.
J (vers 14 heures).	XLIII	Visite de la fille du condamné.
J (à 15 heures).	XLVIII	Toilette du condamné et transfert au milieu de la foule.
J (vers 16 heures).	XLIX	Demande de grâce et silence.

Lieux où se trouve le condamné	Remarques
Cellule au palais de justice.	Retour en arrière du condamné. Signe de la préparation par Hugo du roman *Notre-Dame de Paris*.
Cellule au palais de justice.	Retour en arrière du condamné. Souvenir personnel de Hugo aux Feuillantines.
Bicêtre.	Retour en arrière du condamné.
Voiture.	Description.
Cellule de Bicêtre.	Récit itératif.
Bicêtre.	Situation initiale.
Bicêtre.	Le projet d'écriture du condamné est fondateur du texte. Il est équivalent à une préface.
Bicêtre.	Diversion.
Bicêtre.	Diversion.
Bicêtre.	Précipitation de l'action.
Bicêtre.	Précipitation de l'action.
Voiture.	Précipitation de l'action.
Un petit cabinet au palais de justice.	Pause. Récit dans le récit : la vie du forçat.
Cellule au palais de justice.	
Cellule au palais de justice.	
Cellule au palais de justice.	Souvenir personnel de Hugo.
Cellule au palais de justice.	
Cellule au palais de justice.	
Cellule au palais de justice.	
Cellule au palais de justice.	
Cellule au palais de justice.	
Cellule au palais de justice.	
Cellule au palais de justice.	
D'une salle du palais de justice à une chambre de l'Hôtel de Ville.	
Chambre de l'Hôtel de Ville.	Limite du texte (Hugo ne peut plus faire écrire le condamné).

À PROPOS DE L'ŒUVRE

QUELQUES SCÈNES TRAUMATISANTES

La hantise et le refus précoce du supplice de la peine de mort chez Victor Hugo ont été soulignés par tous les observateurs. Ils trouvent probablement leur origine dans quelques souvenirs d'enfance particulièrement traumatisants. Pratiquement témoin, à dix ans, de l'exécution du général Lahorie, l'amant de sa mère, Hugo, la même année à Burgos, a vu passer des condamnés à mort espagnols en route pour le garrot.

L'âge adulte a également fourni à l'écrivain quelques images cauchemardesques. Le 7 juin 1820, Hugo croise sur le pont au Change Louvel, l'assassin du duc de Berry, allant à la mort. Le souvenir est précis : « *Il faisait un beau soleil. Louvel était dans une charrette, les bras liés derrière le dos, une redingote bleue jetée sur les épaules, un chapeau rond sur la tête. Il était pâle. Je le vis de profil. Toute sa physionomie respirait une sorte de férocité grave et de fermeté violente. Il avait quelque chose de sévère et de froid* » (*Choses vues*). C'est de cette scène qu'Adèle Hugo date le projet du *Dernier Jour d'un condamné* : « Il [Victor Hugo] avait réfléchi, avait pour la première fois regardé la peine de mort en face, s'était étonné que la société fit au coupable, et de sang-froid, et sans danger, précisément la même chose dont elle la punissait, et avait eu l'idée d'écrire un livre contre la guillotine » (*Victor Hugo raconté par un témoin de sa vie*).

L'épisode le plus traumatisant et qui, selon Adèle Hugo, aurait même déclenché la rédaction du *Dernier Jour d'un condamné* est rapporté au chapitre XXVIII du roman : en 1827, Hugo semble avoir assisté à la « préparation » de la guillotine – et notamment au graissage de la rainure du couteau, détail particulièrement macabre – qui devait servir à l'exécution de Louis Ulbach [1].

UNE DOCUMENTATION PRÉCISE

Victor Hugo s'est beaucoup documenté pour écrire son roman. Un mois après l'exécution d'Ulbach, il s'est rendu à Bicêtre accompagné du sculpteur David d'Angers pour assister au ferrement des galériens. Il a tenu à visiter lui même les prisons et les cellules des condamnés à mort.

En outre, il s'est appuyé sur des témoignages précis. C'est ainsi qu'il a lu, avec un vif intérêt, les *Mémoires* de Vidocq. Le récit de cet ancien bagnard devenu chef de la Sûreté rapporte avec exac-

---

1. Ulbach, jeune homme de vingt ans, avait poignardé une fille de dix-huit ans par désespoir d'amour. Son exécution avait ému l'opinion publique et bouleversé Victor Hugo.

titude les conditions de vie des détenus ; mais surtout, il constitue un véritable dictionnaire de l'argot des prisons dont s'inspirera notre auteur pour son propre récit.

Hugo a également lu un article paru dans *Le Globe* du 3 janvier 1828, intitulé « Angleterre : dernières sensations d'un homme condamné à mort », qui l'a fortement impressionné. Il s'agissait pour l'essentiel de la traduction d'un texte extrait d'un journal américain, relatant l'histoire d'un condamné à mort incarcéré à Newgate, puis pendu, et qui, par un concours de circonstances peu banal, fut ramené à la vie et put raconter comment il avait vécu sa dernière nuit en prison. Dans une étude de la genèse du *Dernier Jour d'un condamné*, Gustave Charlier met en lumière la similitude frappante entre la réaction de ce condamné et le comportement du personnage de Hugo : ils connaissent la même alternance de rage et d'accablement, les mêmes horribles cauchemars, les mêmes évanouissements, les mêmes troubles de la perception ; ils font tous les deux référence aux graffiti laissés par les prisonniers qui les ont précédés ; ils évoquent de manière similaire le spectacle hideux de la foule venue assister à leur exécution...

UN MOTIF POLITIQUE

Le Dernier Jour d'un condamné est un roman d'actualité. Après la publication du *Traité des délits et des peines* (1764) du juriste italien Cesare Beccaria, et la Révolution de 1789, la réforme du système pénal est devenue un sujet de polémique permanent en France.

Au moment où paraît le roman de Hugo, les discussions sur la peine de mort battent leur plein. La première page du *Dernier Jour d'un condamné* est écrite le jour même de la publication par le *Journal des débats* d'un article sur *Le système pénitentiaire* de Charles Lucas. Non content de s'opposer aux conditions de la mise en application de la peine de mort, Lucas rejette la peine en elle-même et propose de porter la question devant la Chambre des députés. Victor Hugo envisagera d'ailleurs de profiter de cet effet d'annonce pour enraciner son œuvre dans le débat, comme l'indique sa lettre du 3 janvier 1829 à l'éditeur Charles Gosselin : « *Il importe de mettre vite le* Condamné *sous presse, si vous voulez qu'il paraisse avant la Chambre, ce qui est de la plus haute importance.* »

UNE ŒUVRE TRÈS PERSONNELLE

La violence, la prison, les châtiments physiques et moraux sont des thèmes que l'on trouve très tôt dans l'œuvre de Victor

Hugo. *Bug-Jargal*, roman de jeunesse dont l'action se situe aux Antilles, s'achève sur ces deux mots : «*guillotine nationale*». *Han d'Islande* présente la première figure hugolienne de bourreau et raconte également la dernière nuit d'Ordener, condamné à mort (il sera finalement gracié). Ces motifs que l'on retrouvera par la suite (figure de Jean Valjean dans *Les Misérables*, thème du pendu dans *L'Homme qui rit*) doivent donc plus à la personnalité et aux fantasmes de l'écrivain qu'à un simple effet d'actualité. L'ardeur avec laquelle Hugo attaque son éditeur Charles Gosselin, lorsque celui-ci entreprend de lui donner des «conseils», en est d'ailleurs une preuve.

Le principal mérite du *Dernier Jour d'un condamné* est d'être une œuvre «sans modèle» car très personnelle. Il s'agit certes d'un roman d'analyse, d'un drame intérieur dans lequel on retrouve certains accents du *René* de Chateaubriand ; mais, fondamentalement, c'est une œuvre que l'on pourrait presque qualifier d'«intime», si elle n'était émaillée de certains procédés littéraires propres à la rendre accessible au plus grand nombre. Cette volonté fut d'ailleurs clairement affichée par Hugo qui écrivit à Gosselin qui hésitait à publier le roman : «*Il me semble donc impossible qu'après un moment de réflexion vous hésitiez à voir dans* Le Condamné *un roman, et un roman de la nature peut-être la plus populaire et la plus universellement goûtée.*»

AU XIXᵉ SIÈCLE

Charles Nodier, pourtant compagnon romantique de Victor Hugo, fut surpris et presque choqué par *Le Dernier Jour d'un condamné*. Dans un article paru dans le *Journal des débats* le 26 février 1829, il fait part de la curieuse impression que lui a laissée la lecture de l'œuvre :

> *Je ne sais si la lecture de ce livre m'avait fatigué ou étourdi ; mais en quittant le héros sur la place de Grève, quand cet être vivant a déjà le pied sur la fatale échelle, quand cette pensée humaine va finir, sous le couteau qui tombe, je n'étais guère en état de juger ou de me souvenir. Ce récit des tortures morales qui tuent le condamné à petits coups et à l'avance ; cette langue étrange de la souffrance, toute de mots sombres et funèbres, qui bourdonnait à mes oreilles comme un bruit de tocsin, cette histoire d'un misérable qui n'a plus que vingt-quatre heures à vivre, et dont chaque pensée est une pensée de mort, tout cela m'avait comme brisé et épuisé, et j'étais, en fermant ce livre, comme un homme qui a longtemps tourné sur lui-même et qui sent la terre lui manquer.*
>
> *Je ne relirai pas Le Dernier Jour d'un condamné : Dieu m'en garde ! C'est un mauvais rêve dont on n'ose pas se souvenir de jour, pour n'y pas retomber de nuit.*

Plus loin dans le même article, Nodier fait une double critique de l'ouvrage. Selon lui et contrairement au vœu de Victor Hugo, le livre ne contribue pas à l'abolition de la peine de mort. Par ailleurs, le personnage du condamné lui semble trop abstrait parce qu'il n'a pas d'histoire :

> *La peine de mort analysée avec tant de luxe, et mise à nu sous les yeux du lecteur, lui a-t-elle apparu comme une effroyable et inutile barbarie ? Je ne le pense pas.*
>
> *Qu'est-ce, après tout, que ce condamné ? C'est un être abstrait qui se creuse et s'examine en tout sens. C'est un esprit de condamné qui s'analyse et se scrute avec une rigueur et une patience toute métaphysique ; c'est comme un empirique qui veut avoir conscience de tout un ordre de phénomènes particuliers qui traversent son âme. Ce criminel n'a pas eu de passé, il vient là, sans antécédents, sans souvenirs : on dirait qu'il n'a pas vécu avant d'être criminel.*

Jules Janin est également choqué par le texte de Hugo, mais pour d'autres raisons. D'après lui, *Le Dernier Jour d'un condamné* risque de porter atteinte à la paix sociale :

> *Voilà tout le roman de M. Victor Hugo. C'est à en devenir fou. Ce livre, tout étincelant d'une horrible et atroce vérité, doit mettre à bout le peu d'émotions qui nous restent. Or, ici, le succès ne peut pas justifier un écrivain, le talent ne peut pas le rendre excusable, rien ne peut lui faire pardonner son acharnement à flétrir une âme*

d'homme, à effleurer la paix d'une nation qui certainement, après ce qu'elle a vu, devrait se croire habituée à l'échafaud, et qui, en lisant Le Dernier Jour d'un condamné, *reculera d'épouvante. Figurez-vous une agonie de trois cents pages. Figurez-vous un homme de style et d'imagination et de courage, un poète habitué à jouter avec les plus grandes difficultés de la langue et des passions, se plongeant avec plaisir dans ces longues tortures, interrogeant le pouls de ce misérable, comptant les battements de ses artères, prêtant l'oreille à ce cœur qui se gonfle dans cette poitrine, et ne se retirant de l'échafaud que lorsque sa tête a roulé ! Tout ceci n'est-il pas de l'atroce ? Et puis ne s'agit-il pas d'un homme de sang. Que si par hasard vous avez essayé un plaidoyer contre la peine de mort, je vous répondrai qu'un drame ne prouve rien.*

Dans son roman *Le Curé de village*, Balzac fait état de la polémique soulevée par la parution du *Dernier Jour d'un condamné* :

Le Dernier Jour d'un condamné, *sombre élégie, inutile plaidoyer contre la peine de mort, ce grand soutien des sociétés, et qui avait paru depuis peu... fut à l'ordre du jour dans toutes les conversations.*
Le Curé de village, *chapitre 2.*

Plus tard, Flaubert, qui vient de lire *La Case de l'oncle Tom*, compare cet ouvrage au *Dernier Jour d'un condamné* qu'il a préféré de beaucoup. Il souligne l'apparente neutralité de Victor Hugo qu'il trouve bienvenue et, estimant que le roman se suffit en lui-même, regrette l'ajout de la préface de 1832 :

Les réflexions de l'auteur m'ont irrité tout le temps. Est-ce qu'on a besoin de faire des réflexions sur l'esclavage ? Montrez-le, voilà tout. – C'est là ce qui m'a toujours semblé fort dans Le Dernier Jour d'un condamné, *pas une réflexion sur la peine de mort (il est vrai que la préface échigne le livre, si le livre pouvait être échigné).*
Lettre à Louise Colet, 9 décembre 1852.

AU XXe SIÈCLE

Au XXe siècle, la critique est moins sensible à l'aspect engagé du roman ; elle s'interroge surtout sur la dimension très proprement hugolienne du récit. Les commentateurs sont notamment nombreux à voir dans *Le Dernier Jour d'un condamné* la matrice des *Misérables* :

Certes, Les Misérables *sont bien la rédaction définitive d'une biographie dont* Claude Gueux, Le Dernier Jour d'un condamné *constituent les ébauches fragmentaires ; on peut penser avec raison que ce roman-fleuve épuise le sujet et vient à bout de la hantise.*
Georges Piroué, Victor Hugo romancier
ou les Dessus de l'inconnu, *Denoël, 1964.*

Cette réflexion est partagée par Henri Meschonnic, qui voit même dans *Le Dernier Jour d'un condamné* l'origine du style des *Misérables* :

> *Quelque chose s'est passé dans* Le Dernier Jour d'un condamné, *obsession, identification mythique, resserrement de la voix, qui a fait le style. Une maturation étonnante éloigne ces pages de* Han d'Islande *et de* Burg-Jargal *et les rapproche des* Misérables. *Devant la question « fatale », Hugo s'est révélé à lui-même, la construction a changé, la phrase a changé. La construction a cessé d'être purement dramatique, elle est devenue aussi lyrique. Elle s'intériorise dans* Notre-Dame de Paris, *pour atteindre peut-être le sommet de la construction poétique dans* Les Misérables. *La phrase, particulièrement dans* Le Dernier Jour d'un condamné *devient organisation lyrique. L'attention neuve portée à l'argot est le signe d'une réflexion, d'une volonté de possession du langage. Hugo trouve ses rythmes, ses mots. Il tient son monde.*
>
> Henri Meschonnic, Vers le roman poème,
les romans de Hugo avant « Les Misérables »,
Le Club français du livre, tome III, 1967.

Quant à Victor Brombert, il refuse de lire *Le Dernier Jour d'un condamné* comme un simple plaidoyer contre la peine de mort, préférant insister sur la dimension poétique du texte :

> *Son premier roman important,* Le Dernier Jour d'un condamné, *émouvante plaidoirie contre la peine de mort et les injustices de la loi, est incontestablement polémique. Pourtant, le drame plein de force n'appelle pas simplement des réformes légales ou pénales. L'intensité poétique et psychologique de ce texte correspond à un projet plus fondamental : la nécessité de créer chez le lecteur (et tout d'abord en lui-même) un malaise porté à son comble – l'équivalent de la « conscience malheureuse ». Ce livre projette ses ombres troublantes sur la suite des écrits de Hugo.*
>
> Victor Brombert, Victor Hugo et le Roman visionnaire,
coll. « Puf écrivains », P.U.F., 1985.

Jacques Seebacher voit dans les premiers romans de Victor Hugo, y compris dans *Le Dernier Jour*, l'apogée du grotesque annoncé par Hugo dans la préface de *Cromwell* :

> *Le double crâne de Han dans les décombres de l'incendie, la marque de Habibrah au nom de ses propriétaires successifs sous ses oripeaux cabalistiques, le singe sous la singerie, la larme de l'œil borgne, les échanges dérisoires et désespérés qui culminent dans* Le Dernier Jour *avec l'épisode du Friauche, autant de gouttes d'eau qui font déborder le vase alors que la coupe est pleine : au bout de l'excès hugolien, il y a l'excès de l'excès, qui est légèreté même et qui*

rend impalpable, irréductible, notre attachement à des person-
nages qui vivent tous sous l'ombre portée de leur mort et nous
persuadent ainsi qu'ils ont oublié, autant que nous, l'extraordi-
naire fabricateur auquel ils doivent le jour.

Jacques Seebacher, préface aux *Romans de Victor Hugo*,
coll. «Bouquins», Robert Laffont, 1985, p. VI.

Robert Badinter – le garde des Sceaux qui proposa en 1981 le
texte abolissant la peine de mort en France – est bien évidemment sensible à l'aspect polémique du roman. Mais par-delà,
retrouvant Flaubert, il souligne les choix esthétiques de Hugo et
notamment la préférence accordée aux émotions et aux sensations sur toute réflexion rationnelle :

Là réside le génie de Hugo. Il a le premier compris qu'à l'atrocité du
crime il faut opposer la barbarie du supplice, et qu'il ne sert à rien
de dénoncer la peine de mort, si elle n'est pas incarnée, non par le
juge et le bourreau, mais par le supplicié. Hugo a senti qu'il fallait
passer de l'humanité à l'homme, non pas notion abstraite, sujet de
droits et de codes, mais être unique, misérable créature de chair et
de sang, haletant d'angoisse, suant de peur, qu'on garde jour et nuit
dans sa cellule, qu'on dévêt, qu'on garrotte, qu'on jette sur la
planche et qui sait, à tout moment, ce qui va lui advenir, et sent
peser sur sa nuque, imperceptible pour tous sauf pour lui, le souffle
de la bête immonde qui l'escorte, jusqu'à l'échafaud, et l'attend
derrière la machine, assise à côté du panier que fixera son dernier
regard. Les obtus et les raisonnables peuvent railler et dire que tout
cela n'est que littérature. Hugo sait que seuls les mots du poète
peuvent révéler la réalité de l'autre et nous faire vivre ce qu'il
éprouve.
À cette intuition du génie, Hugo ajoute l'invention de l'artiste : son
héros pour devenir vous, moi, n'importe qui, doit être le condamné
à mort à l'état pur, c'est-à-dire libéré de son crime, un être qui n'est
plus qu'angoisse, qu'attente de l'exécution. Les critiques lui ont
reproché cette abstraction, ils lui ont imputé comme une habileté
trop commode l'escamotage du crime, l'ignorance où le lecteur se
trouve des actes, peut-être atroces, qui ont motivé la condamnation.
Trait formidable : ce condamné jamais ne se déclare innocent.

Robert Badinter, préface au *Dernier Jour d'un condamné*,
«Le Livre de Poche» n° 6 646, 1989.

LE CODE PÉNAL EN GÉNÉRAL ET LA PEINE DE MORT EN PARTICULIER

Avec la rédaction du Code pénal de 1791, la justice française entre dans un nouvel âge. Le temps des châtiments corporels est théoriquement révolu. Le pilori est supprimé. Jusqu'en 1832, perdurent cependant la marque au fer rouge et le supplice de la main tranchée pour les parricides et les régicides. En outre, l'usage de la chaîne, qui entrave les bagnards dans tous leurs déplacements, est conservé jusqu'en 1837, date à laquelle apparaissent en France les premières voitures cellulaires.

Bien que la peine de mort soit maintenue, l'usage de la guillotine est rendu obligatoire pour les exécutions capitales dès 1792 et son efficacité, si odieuse soit-elle, évite au condamné les souffrances de la décapitation par la hache qui avait cours jusque-là. Dans le Code de 1791[1], on pouvait dénombrer trente-deux crimes passibles de la peine de mort : assassinat, contrefaçon d'assignats, incendie volontaire, empoisonnement, trahison de la patrie, parricide, infanticide... Mais, au fil des années, le nombre des condamnés à mort exécutés décroît considérablement : on en comptait 304 en 1820, 150 en 1826 et 114 en 1828. Chaque exécution, qu'elle ait lieu à Paris ou en province, attire une foule importante de « spectateurs ». L'affluence est telle que, parfois, des personnes sont estropiées, des chevaux étouffés.

En 1830, la dynastie des Sanson détient depuis près de 150 ans la charge de bourreau de Paris. Le premier, Charles Sanson, obtient du roi sa lettre de provision le 23 septembre 1688. Tous ses descendants mâles deviendront exécuteurs ou assistants. Le quatrième Sanson, rendu célèbre par la Révolution, fera tomber près de 3 000 têtes sous le couperet de la guillotine. À l'époque du *Dernier Jour d'un condamné*, le bourreau est Henry Sanson. Il se chargera de toutes les exécutions de la première partie du XIXe siècle. En 1820, Louvel, le meurtrier du duc de Berry, périt sous son couperet. Parmi les autres exécutions qui restent dans la mémoire collective, on trouve notamment celle des quatre sergents de La Rochelle (1822) qui ont trempé dans une tentative de soulèvement de leur ville, ou encore celle de Louis Alibaud qui, peu de temps après, ouvre le feu sur la voiture du roi avec une canne-fusil.

---

1. Le Code de 1810 dénombre trente-six crimes passibles de la peine capitale.

LES CONDAMNÉS ET LA CRIMINALITÉ

Le portrait du condamné moyen dans le premier tiers du XIXᵉ siècle est loin du stéréotype proposé par Eugène Sue dans *Les Mystères de Paris* : un criminel implacable et sanglant, tapi dans l'ombre menaçante de la ville, toujours prêt à bondir sur de nouvelles proies. Beaucoup de détenus condamnés à des peines lourdes en 1830 relèveraient aujourd'hui du tribunal correctionnel, voire du tribunal de police. Les voleurs forment le groupe le plus nombreux des personnes arrêtées et jugées par les tribunaux. En 1832, sur 65 347 prévenus, on compte 15 020 personnes arrêtées pour vol simple. Beaucoup de prisonniers (11 %) sont condamnés à des peines supérieures à un an pour de simples délits de vagabondage ou de mendicité. Quant aux meurtriers, on les trouve davantage dans les bagnes que dans les prisons.

La récidive décrite dans *Le Dernier Jour d'un condamné* est une caractéristique essentielle de la criminalité autour de 1830. De 1828 à 1834, sur près de 35 000 condamnés pour crimes, 7 400 sont des récidivistes. Les conditions faites aux détenus libérés les poussent à la récidive : quant ils ne sont pas tout simplement interdits de séjour, ils sortent de prison avec un passeport qu'ils ont obligation de présenter à tout employeur potentiel et qui porte mention de leur condamnation. De plus, la prison est en elle-même créatrice de délinquance, puisqu'en privant les condamnés de liberté elle les prive aussi de toute rémunération digne de ce nom et fait tomber leurs familles dans la misère. Deux figures littéraires reflètent cet univers de la criminalité. Vidocq, l'ancien bagnard racheté (ou acheté), devenu chef de la police, qui apparaît comme le symbole d'une entente secrète entre ceux qui font la loi et ceux qui la violent. Lacenaire, l'esthète du crime, qui rédige avec ses *Mémoires* une apologie du suicide par la guillotine.

LES PRISONS

Dans les prisons, les détenus respectent un emploi du temps très strict. En général, parmi les quinze heures d'activité quotidienne, deux sont consacrées aux repas, à l'hygiène et à la promenade, et treize au travail. Le dimanche, chômé, est occupé par le culte, les lectures, les parloirs, la cantine. Le travail emplit toute la vie des condamnés, et leurs journées en atelier sont longues et fatigantes. Mal payés, soumis à une discipline sévère, humiliés par l'exercice d'un métier méprisé, leurs gardiens sont souvent d'anciens militaires. Ils gardent avec rudesse et efficacité des détenus auxquels ils ne doivent pas parler en dehors des ordres de service. En plus des médecins et aumôniers, le directeur de la prison fait figure de personnage important.

La nourriture carcérale se compose essentiellement de pain et de soupe. La malnutrition généralisée, aggravée par la mauvaise hygiène, le manque de sommeil, l'excès du froid ou de la chaleur et la promiscuité, multiplie les causes de maladies. Entre 1822 et 1837, 17 % des hommes enfermés dans les prisons y décèdent.

LES BAGNES

L'institution du bagne est liée à l'histoire des galères. Le terme même de *bagne* désignait à l'origine le bâtiment où l'on enfermait les rameurs lorsque les navires étaient désarmés. Plus tard, le terme de *bagne* désignera le lieu de détention des condamnés aux travaux forcés (les forçats), d'abord en France, puis en outre-mer. En 1830, la population des bagnes (Toulon, Brest, Rochefort, Lorient) oscille entre 9 000 et 11 000 hommes. Les fers entravent les forçats durant la nuit ; les différents types de chaînes portées dans la journée varient selon les tâches et la soumission du condamné. La majeure partie de la « chiourme » (ensemble de forçats) est destinée aux travaux de force dans les ports et les arsenaux. Les rixes, les actes d'insubordination, les vols et les tentatives d'évasion sont punis par la bastonnade.

Au début du XIXe siècle, loin de contenir exclusivement de grands criminels, le bagne renferme encore des voleurs de poules et des maraudeurs. Ces gens forment la population commune des galères : le Jean Valjean des *Misérables* n'est pas qu'un mythe littéraire.

Avant l'arrivée au bagne, il y a toujours le voyage de la « chaîne », qui est un événement public. Selon la *Gazette des tribunaux*, plus de 100 000 personnes assistent en spectateurs au départ de la chaîne de Paris, le 19 juillet 1836. Les journaux relayent l'événement en donnant à l'avance le nom des bagnards les plus célèbres et en relatant l'histoire de leurs crimes. La foule accompagne la chaîne sur une partie de son trajet, manifestant tour à tour son mépris, sa haine ou ses encouragements.

Araignée

•

« Un ventre froid et des pattes velues ».
(Chapitre XII.)

• **Dans l'œuvre** : la figure de l'araignée est présente dans l'œuvre entière de Victor Hugo. Elle apparaît pour la première fois, riche de tout son symbolisme, dans *Le Dernier Jour d'un condamné*. Le condamné à mort, en proie à l'hallucination des têtes coupées, est réveillé soudain par le contact de l'araignée qui vit dans son cachot : *« J'étais prêt de tomber à la renverse lorsque j'ai senti se traîner sur mon pied un ventre froid et des pattes velues ; c'était l'araignée que j'avais dérangée et qui s'enfuyait »* (chapitre XII). Incarnation d'une puissance maléfique et fatale, l'araignée se montre dans des contextes crépusculaires et dramatiques (*cf.* chapitres V, X, XII, etc.). Symbole évident de la mort, elle ressurgit, par le biais d'une comparaison, au moment de la longue marche vers la guillotine : *« J'ignore comment cela se faisait ; dans la brume, et malgré la pluie fine et blanche qui rayait l'air comme un réseau de fils d'araignée, rien de ce qui se passait autour de moi ne m'a échappé »* (chapitre XLVIII).

• **Rapprochements** : dans *Notre-Dame de Paris*, Victor Hugo fait de la toile d'araignée un symbole de la fatalité :

> Dom Claude, abîmé en lui-même, ne l'écoutait plus. Charmolue, en suivant la direction de son regard, vit qu'il s'était fixé machinalement à la grande toile d'araignée qui tapissait la lucarne. En ce moment, une mouche étourdie, qui cherchait le soleil de mars, vint se jeter à travers ce filet et s'y englua. À l'ébranlement de sa toile, l'énorme araignée fit un mouvement brusque hors de sa cellule centrale, puis d'un bond, elle se précipita sur la mouche, qu'elle plia en deux avec ses antennes de devant, tandis que sa trompe hideuse lui fouillait la tête.
> – Pauvre mouche ! dit le procureur du roi en cour d'église, et il leva la main pour la sauver. L'archidiacre, comme réveillé en sursaut, lui retint le bras avec une violence convulsive.
> – Maître Jacques, cria-t-il, laissez faire la fatalité.
>
> (*Notre-Dame de Paris*, VII, 6.)

Plus tard, la pieuvre des *Travailleurs de la mer* prendra le relais de l'araignée pour incarner cette fatalité chère à Hugo.
Animal symbolique et effrayant dans l'imaginaire collectif occidental, l'araignée a inspiré nombre d'écrivains et de cinéastes, notamment dans le domaine du fantastique (*cf. L'Araignée d'eau* de Marcel Béalu). Dans d'autres civilisations cependant, l'araignée est perçue comme un être sympathique et rusé. Ainsi, un cycle de contes (appelés « Récits d'araignée ») répandu dans

toute l'Afrique occidentale et centrale a pour personnage principal une araignée qui est comparable, en bien des aspects, à notre Renart du *Roman de Renart*.

ARGOT

•

« Ils m'apprennent à parler argot, à rouscailler bigorne, comme ils disent.
C'est toute une langue entée sur la langue générale comme une espèce
d'excroissance hideuse, comme une verrue. ».
(Chapitre V.)

• **Dans l'œuvre** : avec *Le Dernier Jour d'un condamné*, Victor Hugo est sans doute le premier à avoir intégré l'argot des forçats dans la fiction (*cf.* les chapitres V, XIII, XVI, XXIII). Il s'inspire, pour nourrir le langage du friauche, d'un document authentique : les *Mémoires* de Vidocq, cet ancien voleur devenu chef de la police. La majeure partie du vocable est directement importée de ce document. Le sens du lexique est d'ailleurs fourni avec précision dans les notes de Victor Hugo. L'utilisation de l'argot, indéniablement pittoresque, s'accompagne d'une réflexion linguistique. Le condamné, comme Hugo, s'enthousiasme de l'aspect imagé et précis de certaines expressions. Il est à la fois séduit et horrifié, comme le montrent les expressions périphrastiques qu'il utilise pour désigner ce jargon des malfaiteurs (« *patois de la caverne et du bagne* » ; « *langue ensanglantée et grotesque* »). Mais cette attirance pour l'argot n'est pas seulement d'ordre linguistique (« *des mots bizarres, mystérieux, laids et sordides* »), elle est aussi d'ordre métaphysique. Cette langue, qui est chargée de toute la souffrance d'une communauté, permet mieux qu'aucune autre de décrire un monde à part. Seulement évoqué de manière anecdotique dans *Le Dernier Jour d'un condamné*, l'univers de l'argot deviendra un thème à part entière dans *Les Misérables*.

• **Rapprochements** : en faisant intervenir la langue du peuple dans son œuvre, Victor Hugo se rapproche de Villon (dont les poèmes offrent un savant mélange de tons, appuyé parfois par l'emploi de l'argot des Coquillards [jargon d'une compagnie de malfaiteurs]) et de Rabelais (célèbre pour la richesse de son vocabulaire qui mêle des expressions populaires à une puissante invention verbale). D'autres grands écrivains auront recours à cette pratique littéraire. Ainsi, dans *Le Père Goriot* (1835), Balzac s'inspire à la fois du *Dernier Jour d'un condamné* et des *Mémoires* de Vidocq pour nourrir le langage du forçat Vautrin. Dans *Splendeurs et Misères des courtisanes*, l'auteur de *La Comédie humaine* rend d'ailleurs indirectement hommage à Hugo :

> *Donc, avant tout un mot sur la langue des Grecs, des filous, des voleurs et des assassins, nommée l'argot, et que la littérature a, dans ces derniers temps, employée avec tant de succès, que plus d'un mot de cet étrange vocabulaire a passé sur les lèvres roses des jeunes femmes, a retenti sous les lambris dorés, a réjoui les princes, dont plus d'un a pu s'avouer floué !*

Et Balzac encore se dit véritablement fasciné par la puissante expressivité de l'argot :

> *Tout est farouche dans cet idiome. Les syllabes qui commencent ou qui finissent, les mots sont âpres et étonnent singulièrement. Une femme est une largue. Et quelle poésie ! La paille est la plume de Beauce. Le mot minuit est rendu par cette périphrase : douze plombes crossent ! Ça ne donne-t-il pas le frisson ? Rincer une cabriole, veut dire dévaliser une chambre.*

Dans *Les Mystères de Paris*, Eugène Sue, à son tour, se montre émerveillé par l'inquiétante éloquence de l'argot des bandits : « *Ces hommes ont des mœurs à eux, un langage à eux, langage mystérieux rempli d'images funestes, de métaphores dégouttantes de sang.* »

BOURREAU
•

> « *Le premier, le plus grand, le plus vieux, était gras et avait la face rouge. Il portait une redingote et un chapeau à trois cornes déformé. C'était lui. C'était le bourreau, le valet de la guillotine.* »
> (Chapitre XLVIII.)

• **Dans l'œuvre** : Victor Hugo fait intervenir la figure du bourreau dans les derniers chapitres du *Dernier Jour d'un condamné*. Renonçant une fois de plus aux artifices de la fiction, il décrit un personnage véridique et contemporain qui pourrait parfaitement être un membre de la sinistre dynastie des Sanson. Malgré le dégoût qu'il inspire au condamné (« *Cet exécrable bourreau ! il s'est approché du juge pour lui dire que l'exécution devait être faite à une certaine heure, que cette heure approchait, qu'il était responsable, que d'ailleurs il pleut, et que cela risque de se rouiller* », chap. XLIX), le bourreau apparaît surtout dans l'œuvre comme un employé ordinaire, soucieux des horaires et du matériel dont il a la charge, mais dénué de perversité. Sans doute est-ce là pour Hugo une nouvelle occasion de dépassionner un débat difficile : comme il l'a voulu pour le personnage du condamné, il souhaite que le bourreau soit assimilé à un être commun, semblable aux autres hommes.

• **Rapprochements** : étranger par sa fonction, détenteur, comme le roi, d'une charge héréditaire, le personnage du bourreau a particulièrement fasciné les écrivains du XIXe siècle. Joseph de Maistre (1753-1821), adversaire résolu de la Révolution, dévoué à la cause du trône et de l'autel, fut pris à partie par Hugo dès *Han d'Islande*, pour avoir exalté, dans un essai historique intitulé *Soirées de Saint-Pétersbourg* (1821), l'importance sociale du bourreau. Hugo lui reprochait de contribuer à tromper le peuple en expliquant que le pouvoir monarchique reposait sur une triade composée du roi, du pape et du bourreau.

Très tôt, Victor Hugo intègre dans son œuvre des figures de bourreaux. On pensera notamment à Nychol Orugix, dans *Han d'Islande*, ou encore à Pierrat-Torterue, ce « tourmenteur-juré » du Châtelet qui fait subir le supplice du pilori à Quasimodo et celui du brodequin à Esmeralda dans *Notre-Dame de Paris*.

Balzac a été également captivé par cette figure historique du bourreau. En 1830, il fournit à l'éditeur Mame des souvenirs apocryphes du bourreau de la Révolution qu'il intitule *Mémoires de Sanson*. Dans *Splendeurs et Misères des courtisanes*, il dresse un portrait de bourreau qui rappelle le personnage de Victor Hugo dans *Le Dernier Jour d'un condamné* :

> *Le seul indice qui, chez cet homme, trahissait le sang des vieux tortionnaires du Moyen Âge était une largeur et une épaisseur formidables dans les mains. Assez instruit d'ailleurs, tenant fort à sa qualité de citoyen et d'électeur, passionné, dit-on, par le jardinage, ce grand et gros homme, parlant bas, d'un maintien calme, très silencieux, au front large et chauve, ressemblait beaucoup plus à un membre de l'aristocratie anglaise qu'à un exécuteur des hautes œuvres.*

PARIS

•

« En abordant la barrière, j'étais toujours préoccupé sans doute, mais Paris m'a paru faire un plus grand bruit qu'à l'ordinaire. »
(Chapitre XXII.)

• **Dans l'œuvre** : la capitale est omniprésente dans *Le Dernier Jour d'un condamné*. Le Paris de 1828 est encore proche du Paris du XVIIIe siècle. Les églises, les palais, les couvents du temps jadis y sont décrits au présent. Les rues abondent en angles, en coins, en recoins, en impasses, en sordides culs-de-sac. Derrière les plus mornes façades, s'ouvrent de verdoyants asiles, pleins de grands arbres, de fleurs ou d'oiseaux (*cf.* chap. XXXIII). Tout au long des boulevards extérieurs, les pavillons de Ledoux marquent les « barrières » de la capitale. La Seine est animée du va-et-vient des chalands. Dans les rues, les voitures particulières, les carrosses officiels, les cabriolets, les fiacres, les diligences, les cavaliers et les charrettes se mêlent aux piétons.

Ainsi, ce récit de l'incarcération, qu'est *Le Dernier Jour d'un condamné* – récit par définition intérieur et intime –, est aussi, paradoxalement, l'occasion d'une découverte de Paris. Le temps est rythmé par les déplacements du condamné qui se rapproche inexorablement du centre historique de la capitale, cette place de Grève où il sera exécuté. Les derniers trajets du condamné sont l'occasion de nombreuses descriptions : la Conciergerie, l'Hôtel de ville, etc. (*cf.* chap. XXII, XXXVII, XLVIII). Ce Paris est évidemment celui qu'affectionne particulièrement Hugo, et on y trouve les lieux qui sont rattachés à des souvenirs personnels (*cf.* les Feuillantines où il joua étant enfant) ou qui alimenteront son œuvre à venir (*cf.* Notre-Dame de Paris : l'écrivain travaille déjà au grand roman historique qui paraîtra en 1831).

• **Rapprochements** : pour la plupart des écrivains de la génération romantique, Paris revêt une grande importance. Cette ville chargée d'histoire a conservé de nombreux bâtiments datant du Moyen Âge, période esthétiquement remarquable à leurs yeux. Mais Paris, par ses perpétuels mouvements, par son climat variable, est aussi une ville chaque jour différente, offrant un spectacle sans cesse renouvelé et propice à la description réaliste. Par ailleurs, le XIXᵉ siècle étant la période de l'urbanisme triomphant, Paris, « *capitale des arts, des sciences et des lettres* », se transforme en capitale de la finance et de la spéculation, que l'on trouvera au cœur de toutes les grandes sommes romanesques (*La Comédie humaine*, *Les Rougon-Macquart*, *À la recherche du temps perdu*, etc.), même si la province est loin d'en être absente.

Paris, par sa grande beauté, mais aussi par le mystère qui s'en dégage, est la cité de prédilection des grands créateurs du siècle. Ainsi, dans *Ferragus*, Balzac évoque de manière lyrique son amour pour Paris : « *Ô Paris ! Qui n'a pas admiré tes sombres paysages, tes échappées de lumière, tes culs-de-sac profonds et silencieux ; qui n'a pas entendu tes murmures, entre minuit et deux heures du matin, ne connaît encore rien de ta vraie poésie, ni de tes bizarres et larges contrastes.* » De même a-t-on pu dire que Baudelaire avait inventé la poésie urbaine dans les « Tableaux parisiens » des *Fleurs du mal* ou dans les « Petits poèmes en prose » du *Spleen de Paris*.

Dans l'œuvre de Zola, Paris est bien plus qu'un décor, il s'agit d'une gigantesque « *machine-monde* » qui évolue sans cesse et dont il faut analyser les rouages. Chez ce romancier, Paris est parfois mis en scène comme un personnage à part entière, engagé dans un combat de titans. Dans *La Curée*, par exemple, Saccard construit toute sa fortune en luttant contre un Paris personnifié : « *Oui, oui, j'ai bien dit, plus d'un quartier va fondre, et il restera de l'or aux doigts des gens qui chaufferont et remueront la cuve. Ce grand innocent de Paris ! Vois comme il est immense et comme il s'endort doucement ! C'est bête, ces grandes villes ! Il ne se doute guère de l'armée de pioches qui l'attaquera un de ces beaux matins, et certains hôtels de la rue d'Anjou ne reluiraient pas si fort sous le soleil couchant, s'ils savaient qu'ils n'ont plus que trois ou quatre ans à vivre.* »

PEUPLE
●

> « *Oh ! l'horrible peuple avec ses cris d'hyène.*
> *– Qui sait si je ne lui échapperai pas.* »
> (Chapitre XLIX.)

● **Dans l'œuvre** : *Le Dernier Jour d'un condamné* révèle toute l'ambiguïté qui caractérise les relations d'Hugo avec le peuple autour de 1830, ce même peuple qu'il célébrera plus tard ostensiblement.

Le condamné hait la populace qu'il décrit comme assoiffée de sang : « *La place est là, et au-dessous de la fenêtre l'horrible peuple qui aboie, et m'attend, et rit.* » Ce sentiment semble être celui du romancier lui-même qui, peu de temps après, dans *Notre-Dame de Paris*, montrera encore la joie frénétique du peuple parisien devant le spectacle de la flagellation de Quasimodo au pilori. La dénonciation par Hugo de la torture et de l'exécution capitale est apparemment liée en profondeur à la répugnance qu'il éprouve pour la foule. La préface de l'édition de 1832 est explicite à cet égard : « *En temps de révolution, prenez garde à la première tête qui tombe. Elle met le peuple en appétit.* » Ce peuple si sévèrement mis en question par Hugo à cette époque réunit tous les êtres humains assemblés, sans distinction d'âge ni de sexe : il est composé aussi bien des jeunes filles évoquées au début du roman que de la vieille femme qui assiste à la sortie du condamné de Bicêtre, et tous se réjouissent à l'avance de son exécution.

● **Rapprochements** : le rapprochement de Victor Hugo avec le peuple va se faire lentement et progressivement. Sa conviction que le peuple n'est autre qu'un ensemble d'individus opprimés n'apparaîtra clairement qu'à partir des *Misérables* (1862). Ainsi, dans *L'Homme qui rit* (1869), Gwymplaine, aristocrate déchu, exprime sa foi en l'avènement du peuple :

> *Ceux qui ont faim montrent leurs dents oisives, les paradis bâtis sur les enfers chancellent, on souffre, on souffre, on souffre, et ce qui est*

*en haut penche, et ce qui est en bas s'entr'ouvre, l'ombre demande
à devenir lumière, le damné discute l'élu, c'est le peuple qui vient,
vous dis-je, c'est l'homme qui monte, c'est la fin qui commence,
c'est la rouge aurore de la catastrophe.*

(*L'Homme qui rit*, II, VIII, 7.)

Contrairement à ce que fit Hugo, les auteurs naturalistes (on
songera notamment aux frères Goncourt avec *Germinie Lacerteux*
[1858] et à Zola avec *L'Assommoir* [1877]) auront le souci de
présenter le peuple non plus de manière symbolique, mais quotidienne.
Ainsi, dans la préface de *Germinie Lacerteux*, les Goncourt
écrivent : « *Vivant au XIXᵉ siècle, dans un temps de suffrage univer-
sel, de démocratie, de libéralisme, nous nous sommes demandés si ce
qu'on appelle "les basses classes" n'avait pas droit au roman.* » De
même dans *L'Assommoir*, grand succès de librairie, à propos
duquel fut lancée la discussion publique sur le naturalisme, Zola
affirme son ambition d'être le peintre fidèle des classes populaires : « *C'est une œuvre de vérité, le premier roman sur le peuple
qui ne mente pas et qui ait l'odeur du peuple.* »

Roi
•

« *– Chapeaux bas! chapeaux bas! criaient mille bouches ensemble.
– Comme pour le roi.* »

(Chapitre XLVIII.)

• **Dans l'œuvre** : Louis XVIII est mort en 1824. Les Français
ont admiré en lui un grand prince malgré le culte voué à Napoléon Iᵉʳ. Avec Charles X, les manières de la vieille aristocratie
ressuscitent : survivant de l'Ancien Régime, il passe ses journées
à la chasse, donne des bals, restaure l'étiquette et se choisit une
Cour qui renaît, non à Versailles, mais au palais des Tuileries.
Pénétré de son droit divin, il a un sens politique limité. Le roi
n'est pas populaire.
Évoqué seulement de manière allusive dans *Le Dernier Jour d'un
condamné*, Charles X n'a dans ce roman qu'une valeur symbolique. Il est l'incarnation du pouvoir (et notamment du pouvoir
de grâce) et c'est à ce titre qu'il fait face au condamné. Or,
curieusement et non sans ironie, le condamné établit une sorte
de parallélisme entre sa situation et celle du roi :

*Il y a dans cette même ville, à cette même heure, et pas bien loin
d'ici, dans un autre palais, un homme qui a aussi des gardes à
toutes ses portes, un homme unique comme toi dans le peuple, avec
cette différence qu'il est aussi haut que tu es bas. Sa vie entière,
minute par minute, n'est que gloire, grandeur, délices, enivrement.*

170

> *Tout est autour de lui amour, respect, vénération. [...] Eh bien! cet homme est de chair et d'os comme toi!*

Au travers de cette citation, on comprend bien l'intention réelle de Victor Hugo qui en appelle à une prise de conscience, certes collective, mais aussi... royale, en faveur de l'abolition de la peine de mort. Grâce à ce stratagème, c'est le roi qui, sans être nommé, est directement interpellé.

• **Rapprochements** : traditionnellement en littérature et surtout dans le théâtre classique, le thème de la royauté et le personnage du roi concentrent tous les signes et tous les symboles du pouvoir. Cette incarnation de l'autorité se retrouve aussi bien dans les *Fables* de La Fontaine que dans le théâtre de Molière ou de Shakespeare. *Le Dernier Jour d'un condamné* s'inscrit apparemment dans cette tradition, mais en fait, les fêlures perceptibles du pouvoir royal qui font du roi le double du condamné annoncent le thème hugolien du régicide. Fortement présent dans *Cromwell*, dans *Hernani* et dans *Le Roi s'amuse*, ce thème dénonce l'arbitraire du pouvoir royal et laisse prévoir, à l'aube d'un siècle qui verra les révolutions se succéder, un renouvellement du discours littéraire sur l'autorité.

amphithéâtre : dans l'Antiquité, bâtiment de forme circulaire à gradins étagés, dominant une arène destinée aux combats de gladiateurs. Par extension, partie d'une salle de spectacle en gradins réservée aux spectateurs et placée face à la scène.

apostolique : 1°) qui vient des apôtres. 2°) qui vient du Saint-Siège.

argousin : bas-officier des galères.

aumônier : ecclésiastique chargé de l'instruction et des offices religieux dans un corps militaire, un établissement scolaire, un hôpital ou toute autre institution, excepté la paroisse.

cabriolet : voiture légère à deux roues tirée par un cheval, et protégée par capote amovible.

chiourme : ensemble de galériens, et, par extension, de bagnards.

collet : partie d'un vêtement située autour du cou.

doloire : petite hache de tonnelier servant à amincir le bois des tonneaux.

élégie : poème dont le sujet exprime une plainte, de la mélancolie ou de la tristesse.

fantasmagorie : spectacle fantastique, surnaturel, reposant sur des fantasmes.

fers : pièce de métal ou chaînes qui servent à immobiliser un prisonnier.

feuille de route : document officiel définissant le trajet à suivre par une personne qui voyage pour le compte d'une institution.

garde-chiourme : surveillant d'une chiourme (voir ce mot).

giberne : cartouchière en cuir portée à la ceinture ou en bandoulière.

grabat : très mauvais lit.

judas : petite ouverture pratiquée dans un mur ou une porte servant à regarder sans être vu ou à voir sans être obligé de pénétrer dans une pièce (ici, une cellule).

piquet : détachement de soldats prêts à l'action.

pourvoi : action de justice par laquelle on requiert, devant une juridiction supérieure, le droit de casser la décision d'une juridiction inférieure.

récidive : action de récidiver, c'est-à-dire, dans le vocabulaire juridique, de commettre à nouveau une infraction déjà commise antérieurement.

redingote : veste d'homme à longues basques.

sarrau : blouse courte et ample portée au-dessus des vêtements par les ouvriers, les paysans, les artistes.

substitut : magistrat qui exerce les fonctions d'un autre magistrat, en cas d'empêchement de celui-ci.

sursis : dans le langage courant, un sursis est un ajournement. En droit pénal, il s'agit de la remise de l'application d'une peine qui peut être accordée sous condition par le tribunal.

172

Beccaria, Cesar Bonesana, marquis de (1738-1794) : juriste italien qui proposa une réforme de la justice et du système pénal exposée dans son *Traité des délits et des peines* (1766).

Bellart : avocat général du XIXᵉ siècle, célèbre pour avoir requis la peine de mort contre le maréchal Ney et contre Louvel.

Bicêtre : établissement construit en 1632, à l'instigation de Louis XIII, pour servir d'hôpital et d'hospice. Bicêtre accueillit plus tard une prison et une maison de correction.

Bories : un des quatre sergents de La Rochelle qui furent exécutés le 21 septembre 1822 pour avoir fomenté un complot contre le roi.

Castaing : médecin qui fut exécuté le 6 décembre 1823 pour avoir tenté un double assassinat par empoisonnement dans le but de capter un héritage.

Chalais, Henri de Talleyrand, comte de (1599-1626) : gentilhomme français, favori de Louis XIII, qui fut condamné à mort pour avoir conspiré contre Richelieu. Son exécution resta dans les mémoires car le bourreau, ayant raté sa décapitation, l'acheva à coups de doloire (voir ce mot).

Charles X (1757-1836) : roi de France de 1824 à 1830. Frère de Louis XVI, il monta sur le trône à la mort de Louis XVIII. Son règne fut marqué par une politique réactionnaire. Vite impopulaire, il tenta de rétablir un pouvoir autoritaire par la promulgation des quatre ordonnances de Saint-Cloud, dont l'une, notamment, prévoyait la suspension de la liberté de la presse. Il fut renversé par le peuple de Paris lors de la révolution de Juillet 1830 qui le contraignit à abdiquer.

Clamart : ville du sud de Paris. Les condamnés à mort étaient enterrés au cimetière de Clamart.

Conciergerie, la : bâtisse appartenant à l'ancien palais royal des Capétiens dans l'île de la Cité, à Paris, et transformée en prison à la Révolution.

Dautun, Charles : assassin qui fut condamné à mort le 25 février 1815 pour avoir tué son frère, dont les membres furent retrouvés dispersés aux quatre coins de Paris, tandis que la tête, enveloppée d'un torchon, fut découverte dans la Seine. Dans *Les Misérables* (tome I, livre III, chap. 1), Victor Hugo écrit à propos de l'année 1817 : *« L'émotion parisienne la plus récente était le crime de Dautun qui avait jeté la tête de son frère dans le bassin du Marché-aux-fleurs. »*

Grève, place de : nom que portait, avant 1806, une partie de l'actuelle place de l'Hôtel-de-Ville de Paris. C'est sur cette place qu'avaient lieu les exécutions capitales.

Guillotin, Joseph (1738-1814) : médecin et homme politique français. Député du Tiers État, il figure parmi les rédacteurs de la Déclaration des droits de l'homme et du citoyen et de la Constitution. Il est surtout connu pour avoir exigé l'invention d'une machine devant servir aux exécutions capitales, et conçue de telle sorte que les condamnés à mort ne souffrent pas. Cette machine prit le nom de *guillotine*, malgré ses protestations.

Louis XVI (1754-1793) : roi de France de 1774 à 1792. Fortement influencé par sa femme Marie-Antoinette, il montra au début de son règne une certaine mollesse d'esprit qui accentua aux yeux du peuple les effets d'une crise économique et sociale qui

173

sévissait en France. En 1789, il accepta avec réticence le principe d'une monarchie constitutionnelle. Sa fuite manquée, en juin 1791, acheva de le rendre absolument impopulaire. Enfermé en août 1792 à la prison du Temple, il fut déclaré « *coupable de conspiration contre la liberté de la nation et d'attentats contre la sûreté générale de l'État* » et fut guillotiné le 21 janvier 1793.

Malesherbes, Chrétien Guillaume de Lamoignon de (1721-1794) : homme politique français qui prit la défense du roi Louis XVI devant la Convention. Il fut exécuté sous la Terreur.

Papavoine : criminel qui fut exécuté le 25 mars 1825 pour avoir poignardé deux petits garçons au bois de Vincennes, sous les yeux de leur mère.

Poulain, Louis : condamné qui fut exécuté le 2 août 1817 pour avoir tenté d'assassiner sa femme à qui il reprochait son infidélité.

Samson : surnom donné à la famille Sanson (en raison de la parenté phonétique avec le personnage biblique doté d'une force surhumaine) qui assuma la charge de bourreau à Paris de pères en fils de 1688 à 1847.

Toulon : ville du Sud de la France qui fut le siège de l'un des principaux bagnes de la Couronne.

Ulbach, Louis : condamné qui fut exécuté le 10 septembre 1827, à l'âge de vingt ans, pour le meurtre de sa maîtresse.

Val-de-Grâce, le : ancienne abbaye de Paris, devenue hôpital militaire en 1795.

AUTRES ÉDITIONS DU *DERNIER JOUR D'UN CONDAMNÉ*

– *Le Dernier Jour d'un condamné*, in Victor Hugo, *Œuvres complètes*, romans I, présentation, notices et notes de Jacques Seebacher, Paris, Éditions Robert Laffont, 1985.
– *Le Dernier Jour d'un condamné*, suivi de *Claude Gueux* et de *L'Affaire Tapner*, préface de Robert Badinter, commentaires et notes de Guy Rosa, Paris, « Le Livre de Poche » n° 6646, L.G.F., 1989.

BIOGRAPHIES DE VICTOR HUGO

– Adèle Hugo, *Victor Hugo raconté par Adèle Hugo*, coll. « Les Mémorables », Paris, Plon, 1985.
– Annette Rosa, *Victor Hugo, l'éclat d'un siècle*, Paris, Messidor / La Farandole, 1985.

ESSAIS SUR L'ŒUVRE DE VICTOR HUGO

– Pierre Albouy, *La Création mythologique chez Victor Hugo*, Paris, José Corti, 1963.
– Charles Baudoin, *Psychanalyse de Victor Hugo*, Paris, Armand Colin, 1972.
– Victor Brombert, *Victor Hugo et le Roman visionnaire*, Paris, « P.U.F. Écrivains », P.U.F., 1985.
– Georges Piroué, *Victor Hugo romancier ou les Dessus de l'inconnu*, Paris, Denoël, 1964.
– Anne Ubersfeld, *Paroles de Hugo*, Paris, Messidor / Éditions sociales, 1985.

TEXTES SUR *LE DERNIER JOUR D'UN CONDAMNÉ*

– Gustave Charlier, « Comment fut écrit *Le Dernier Jour d'un condamné* », Paris, *Revue d'histoire littéraire de la France* n° 22, 1915, pp. 321 à 360.
– Yves Gohin, « Les réalités du crime et de la justice pour Victor Hugo avant 1829 », in Victor Hugo, *Œuvres complètes*, III, Paris, Le Club français du livre, 1967, pp. I à XXVI.
– Jean Massin, « Présentation du *Dernier Jour d'un condamné* », in Victor Hugo, *Œuvres complètes*, X, Paris, Le Club français du livre, 1969, pp. 607 à 637.
– Jean Rousset, « *Le Dernier Jour d'un condamné* ou l'invention d'un genre littéraire », in *Hugo dans les marges*, ouvrage collectif sous la direction de L. Dällenbach et L. Jenny, Genève, Éditions Zoé, 1985.

ANNEXES

Imprimé en France par Hérissey à Évreux N° 80077
Dépôt légal N° 6707/07/98 – Collection N° 10 – Édition N° 01

16/7236/9